Die Freie Familie

Dayna Martin

tologo verlag

Bibliografische Information der Deutschen Nationalbibliothek:
Die Deutsche Nationalbibliothek verzeichnet diese Publikation in der
Deutschen Nationalbibliografie; detaillierte bibliografische Daten sind
im Internet über http://dnb.d-nb.de abrufbar.

Copyright © 2009 Dayna Martin,
Copyright © der deutschen Ausgabe: tologo verlag, Leipzig 2011
1. Auflage 2011
Titel der amerikanischen Originalausgabe:
Radical Unschooling – A Revolution Has Begun

Übersetzung: Niki Lambrianidou
Fotos: Jessica Niles (http://capturedbyjess.blogspot.com/), Dayna Martin

ISBN 978-3-940596-13-0

Dayna Martin

Die Freie Familie

… oder die Freiheit über Leben und Lernen

selbst zu bestimmen

Aus dem Amerikanischen übersetzt von

Niki Lambrianidou

OT: Radical Unschooling – A Revolution Has Begun

tologo verlag

Inhalt

Willkommen im Radical Unschooling
– ein Vorwort

Dr. Caron B. Goode

*Wieviel Kopfschmerzen könnten wir uns ersparen, wenn wir Kinder
als Partner im Lebensprozess begriffen, anstatt sie als Lehrlinge
der Erwachsenen zu sehen! Wieviel könnten wir uns
gegenseitig lehren – wir haben die Erfahrung, sie die Frische.
Wie erfüllt unser beiden Leben sein könnte!*
John A. Taylor

Im vorliegenden Buch führt Dayna Martin in das Konzept des
Radical Unschooling als Philosophie einer Elternschaft ein,
deren Kern darin liegt, das Leben und Lernen von Kindern
zu unterstützen.

Ihre Kinder frönen ihren eigenen Leidenschaften, und sie
frönt ihrer Leidenschaft, indem sie der wachsenden Elternbewegung namens ›Radical Unschooling‹ das neueste Handbuch
schenkt.

Als Substantiv bezeichnet ›radical‹ im Englischen eine Person,
die mittels einer Reform als Fürsprecher einer Sache wirkt.
Als Adjektiv meint es einschneidend und weitreichend – so
einschneidend und weitreichend, wie auch Daynas Einfluss in
den nächsten Jahrzehnten sicher sein wird.

Die Bewegung des Radical Unschooling ist da und Dayna
Martin als mitreißende Sprecherin, durchschlagende Autorin,
liebende Freundin, Frau und Mutter ist ihre Verfechterin. Sie
ist zweifelsohne die leidenschaftlichste Vertreterin des Radical
Unschooling.

Unter anderem besteht das Prinzip des Radical Unschooling darin, in jedem Moment für die Kinder ansprechbar zu sein und zugleich authentisch zu reagieren. Dayna versteht es, Eltern von Schuldgefühlen freizusprechen, sie zu ermuntern, in ihrer Eltern-Kind-Beziehung ihrem Instinkt und Herzen zu folgen – mit Sinn, Leidenschaft und Bewusstsein. Das Ergebnis sind Kinder, die mit natürlichem Wissensdrang lernen. Im Konzept des Radical Unschooling lernen Kinder nicht nach Lehrplan, werden nicht untereinander verglichen, werden nicht mit Zeugnissen künstlich gedemütigt oder gelobt. Kinder werden nicht in unnatürliche soziale Situationen gezwungen, nicht dem Tagesprogramm oder den Leistungsvorstellungen Dritter unterworfen.

In seiner Grundlage eröffnet das Radical Unschooling die Möglichkeit, das Elternsein und das Lernenlassen der Kinder mit Herz, Optimismus und Wachheit anzugehen.

Auf den folgenden Seiten erwartet Sie ein positiver Ansatz, wie man Kindern anhand ihrer eigenen Interessen und Leidenschaften das Lernen ermöglichen kann. Unschooling sieht anders aus als durchschnittliches Homeschooling mit Mutter und Kindern rund um den Küchentisch, die dem Lehrplan folgend Lehrbücher durcharbeiten.

Unschooling ähnelt eher dem, was ein Kind vermutlich an Wochenenden oder in den Ferien tut, indem es voller Begeisterung ein Lager im Wald baut, sich dem Spiel mit den Eltern hingibt oder einen besonderen Tagesausflug unternimmt. Im Mittelpunkt steht die Freude und die liebevolle Verbindung der Beteiligten untereinander. Entscheidend ist auch, das Lernen in allem wahrzunehmen, was die Kinder tun.

Wenn Sie nach neuen Ideen suchen, nach natürlichen Eltern-Kind-Beziehungen, nach Elternsein mit Herz und Intuition, nach Authentizität, blättern Sie hier hinein. Sie werden wahre und liebenswürdige Geschichten darüber finden, auf welche Weise Radical Unschooling funktioniert. Sie werden danach die Rechte und Wahlmöglichkeiten Ihrer Kinder anders sehen und selbst eine neue Perspektive einnehmen hinsichtlich der Möglichkeiten dieses bahnbrechenden Ansatzes von Elternschaft.

Dr. Caron Goode,

Autorin von *Raising Intuitive Children*[1] (New Page Press 2009)

---

1 Anm. d. Ü.: Titel im Original, bisher nicht auf deutsch erschienen; zu dt.: Intuitive Kinder großziehen

Einführung

Mein Name ist **Dayna Martin**, mein Lebenspartner heißt Joe, und ich bin Mutter von vier Kindern, die noch nie die Schule besucht haben.

Ich bin eine **Verfechterin des Radical Unschooling**. Wann und wo immer meine Kinder ihre Leidenschaften erkunden – ich bin bei ihnen. Ihre Leidenschaften werden zu meinen, da ich immer mehr Interessen in ihr Leben bringe. **Ich weiß, dass alles, was sie in einem Moment erkunden, den Kern ihres Lernens ausmacht, und ihre Interessen wandern in erstaunliche Richtungen.**

Ob Dakota, eine meiner Töchter, und ich uns an einem neuen Rezept in der Küche versuchen, oder ob ich ein neues Computerspiel mit meinem Sohn Devin ausprobiere, meine Rolle besteht darin, eingebunden zu sein und etwas gleichzeitig mit ihnen über ihre Interessen zu erfahren. Zu keiner anderen Zeit fühle ich mich so verbunden mit meinen Kindern, als wenn wir etwas gemeinsam machen, das sie lieben. Ich weiß, dass Lernen nie erzwungen werden muss. Lernen fühlt sich gut an, und diese *Freude* am Leben und Lernen ist Grundlage unseres Lebens und des Radical-Unschooling-Konzepts.

Meine zweite Leidenschaft im Leben gilt all jenen, die ebenfalls Fürsprecher des Unschooling werden wollen: Ich möchte ihnen helfen, ihren eigenen Weg des Engagements zu finden. Der Lernprozess, mehr und mehr auf meine Instinkte als Frau und Mutter zu achten, hat mich zum Unschooling geführt. Als ich mein erstes Kind zur Welt brachte, begann ich, mich für die Rechte und den Respekt gegenüber Kindern einzusetzen. Damit begann das Attachment Parenting für mich: Ich ließ mich auf die Bedürfnisse meines Sohnes ein und achtete sie. **Attachment Parenting bedeutet eine natürliche, instinkti-**

ve Herangehensweise ans Elternsein, bei der die emotionale Bindung zwischen Eltern und Kind genährt wird.

Als ich mein erstes Kind bekam, trug ich Devin den ganzen Tag im Tuch, ließ ihn nachts neben mir schlafen und stillte ihn nach Bedarf, denn das fühlte sich für mich einfach richtig und vollkommen an. Ich hatte eine so stimmige Verbindung zu meinem Kind, dass das Elternsein eine sehr angenehme Erfahrung war. Meine eigene Erfahrung stand in absolutem Kontrast zu dem, was meine Freunde als Eltern durchmachten. Ich wusste, dass ich ein Erziehungsgeheimnis entdeckt hatte, das andere auch erfahren sollten.

Als mein zweites Kind, Dakota, auf die Welt kam, war ich bereits Beraterin für natürliche Geburt, Stillberaterin und Doula[1]. Aus der Hilfe für andere auf dem Weg der natürlichen Geburt und dem Attachment Parenting schöpfte ich Kraft, als ob ich eine Berufung erfüllte. Mein persönliches Engagement stieg mit der Zahl meiner Kinder. Ich schrieb für einschlägige Zeitschriften und freundete mich mit anderen, inspirierenden Akteuren an. Je mehr Menschen ich mit meinem Engagement erreichte, desto stärker wurde meine Leidenschaft.

Das Radical Unschooling ist die natürliche Weiterführung des Attachment Parenting. Die daraus hervorgegangene Bewegung ist dabei, einen Paradigmenwechsel im menschlichen Bewusstsein herbeizuführen. Haben wir uns erst einmal dem Respekt geöffnet, der unseren Kindern zusteht, verändert sich damit automatisch die Art, wie Elternschaft aufgefasst wird. **Elternschaft soll eigentlich Freude bringen und das tut sie, wenn wir uns darauf verlegen, die Verbindung zu unseren Kindern zu suchen, statt die Kinder zu steuern.**

---

1 Anm. d. Ü.: Berufsbezeichnung für eine Frau, die einer werdenden Mutter als Schwangerschafts-, Geburts- und Wochenbettbegleiterin zur Seite steht.

Wir wuchsen in einem Zeitalter auf, in dem ein Großteil der Erziehung darauf ausgerichtet war, dass wir gehorchten. Selbst die Sendungen mit der *Super-Nanny* sowie die meisten Erziehungsprogramme fußen ausschließlich auf Gehorsam als zentralem Erziehungsziel. Wir sind es in unserer Kultur gewohnt, gesagt zu bekommen, wie wir handeln sollen – sei es von unseren Eltern oder durch Erziehung in Schule und Kindergarten. Uns wurde beigebracht zu glauben, dass man im Leben Befehle auszuführen hat, wie indirekt diese auch immer formuliert sein mögen. Ohne den Wunsch und eine gewisse Mühe ist es schwer, aus der Ja-Sager-Mentalität auszubrechen, in der wir aufgewachsen sind. Sobald uns bewusst wird, dass es einen respektvolleren und erfüllenderen Weg gibt, nicht nur mit unseren Kindern, sondern auch mit anderen in Harmonie zu leben, sind wir auf einem guten Weg. **Allein das Wissen um die Existenz eines neuen Paradigma fürs Elternsein ist oft der erste Schritt des Suchenden in eine neue Welt der Eltern-Kind-Beziehung.**

Unschooling – und speziell das Radical Unschooling – ist führend in Bezug auf innovatives Denken. An manchen Tagen versuche ich mir vorzustellen, welch sagenhafte Veränderungen sich daraus für unsere Enkel ergeben werden. Wir sind Pioniere einer Lebensart, in der wir unsere Wahrheit tatsächlich leben und mit anderen teilen. Wir sind dabei, den Lauf der Menschheitsgeschichte zu verändern, indem wir bewusst in Freiheit, Frieden und gegenseitigem Respekt leben. Der Wandel hat begonnen.

KAPITEL 1

Was ist Unschooling?

Je mehr wir von einer Idee oder einem Ziel begeistert sind, desto sicherer führt uns die Idee aus den Tiefen unseres Unterbewusstseins auf den Weg der Erfüllung.

Earl Nightingale

John Holt (1923-1985), einflussreicher Pädagoge und Visionär, prägte den Begriff des ›Unschooling‹. Er war der Begründer der Unschooling-Bewegung der 1970er Jahre, einem Ableger des Homeschooling. Holt hielt nichts von formaler Bildung und trat entschieden gegen die Praxis ein, Kinder wider Willen zum Lernen zu zwingen. Er war der Überzeugung, dass es ein Grundrecht aller Menschen ist, selbst zu entscheiden, was sie lernen und denken möchten.

Ich fühle mich Holts Ansichten verpflichtet und setze mich für diese Werte in unserer Welt ein. Meine Familie und ich leben ein radikales, also Radical Unschooling, das auf der Überzeugung beruht, dass Kinder ideal lernen, wenn sie von innen heraus motiviert sind. Ich sehe mich nicht als Lehrerin meiner Kinder, sondern als Lebens- und Lernbegleiterin. Wie Holt, so glaube auch ich nicht, dass eine formale Bildung, wie heutige Schulen sie anbieten, notwendig ist oder gar hinreichend für das wahrhaftige Glück von Kindern. In meinen Augen ist Glück der Schlüssel zu Erfolg.

*Radical Unschooling bedeutet von Begeisterung gelenktes Lernen;
schließlich sind nicht alle dazu bestimmt, im Leben dasselbe zu
machen oder denselben Lebensweg zu gehen.*

Unschooling bedeutet, dem Kind in der Wahl seiner Lerninhalte zu vertrauen. Im Radical Unschooling wird der Unschoolinggedanke auf die Eltern-Kind-Beziehung ausgedehnt, es wird also dasselbe Vertrauen auch auf andere Lebensgebiete des Kindes ausgeweitet: auf Ernährung, Medien, Fernsehen, Videospiele – so dass Kinder letztlich spielen oder sehen dürfen, was und wann immer sie wollen.

Das klingt verrückt, wenn man es zum ersten Mal liest. Tatsächlich erfordert es unkonventionelles Denken und eine gehörige Portion Mut, um als Eltern dasselbe Vertrauen in die Fähigkeiten des Kindes zu setzen, ob es nun die Toilette zu benutzen lernt oder ob es fernsieht.

Geht diese Haltung einmal über in eine standfeste Überzeugung, wird es viel leichter zu vertrauen. Sobald wir erfahren, wie glücklich unser Kind ist, und dass das Lernen eher als Nebenprodukt eines erfüllten, gemeinsamen Lebens abfällt, weitet sich der eigene Blick. Wir werden als Eltern zunehmend zuversichtlich und engagiert.

Unschooling-Moment

Es gibt viele Unschooling-Arten und ebenso viele Meinungen bezüglich der Bedeutung des Begriffes ›Unschooling‹. Manche finden ihn gelungen und vergleichen ihn mit ›un-‹ wie in ›coiling‹ und ›uncoiling‹, Ab- und Aufwickeln, oder wie in ›doing‹ und ›undoing‹, etwas veranlassen und es wieder zurücknehmen. Andere finden ihn unglücklich gewählt, da der Begriff herausstellt, was nicht getan wird, statt zu beschreiben, was aktiv getan wird.

Es kursieren weitere Bezeichnungen für das Unschooling wie ›Life Learning‹ – lebenslanges Lernen, ›Organic Learning‹

– organisches Lernen oder ›Delight-driven Learning‹ – also genussgelenktes Lernen.

Für uns besetzt dieser Begriff all diese Dinge zugleich. Wir sind zuweilen ›genussgelenkt‹, wenn wir ein Thema erforschen, das uns mit Freude erfüllt. Zuweilen sind wir ›Überraschungslerner‹, weil wir etwas Erstaunliches gelernt haben, was uns aber erst später bewusst wird. Ich zähle mich insofern zu den ›spontanen Lernern‹, als ich gerne in Inspirationen eintauche. Hin und wieder sind wir auch einfach nur ›Unschooler‹; besonders, wenn ich morgens den Schulbus an unserem Haus vorbeifahren sehe und ich wieder einmal dankbar bin für das Leben, wie wir es führen dürfen.

Unsere Bezeichnungen für das, was wir tun, kommen und gehen – und wachsen. Sie wechseln von Tag zu Tag. Letztlich sind Umschreibungen auch nur Worte, die niemals die Tiefe und Weite dessen beschreiben könnten, was unser Leben umfasst.

Als wir von der *Rethinking-Education-Konferenz* in Texas[1] zurückkamen, sagte Devin, er vermisse unseren Wald (wir leben auf 17 Hektar Land). Er sagte, er möge die Stadt zwar, möchte aber lieber etwas draußen in der Natur erschaffen.

Also machten Devin und ich uns daran, einen Bretterverschlag im Wald zu bauen. Er hatte einen in der Sendung *Man vs. Wild*[2] gesehen und wollte seither einen solchen bauen. Wir gingen also online und recherchierten, wie man einen baut. Wir sammelten Reisig und bauten eine tolle Waldhütte.

---

1 Anm. d. Ü.: zu dt.: Bildung-Überdenken-Konferenz; von Barb Lundgren 1993 ins Leben gerufenes internationales Treffen für am Unschooling Interessierte mit teilnehmerorganisierten Aktionen, Vorführungen und Gesprächsrunden zu den Themen Bildung, Lernen, Leben und Familie, 2009 in Dallas/Texas umbenannt in Rethinking Everything Conference (›Alles-Überdenken-Konferenz‹), die sich an einem freien Leben gemäß eigener Maßstäbe von der Geburt bis zum Tod orientiert, http://www.rethinkingeverything.net
2 Anm. d. Ü.: zu dt.: Mensch gegen Wildnis, Doku-Serie, die seit 2006 auf dem US-amerikanischen Sender Discovery Channel ausgestrahlt wird, in der sich ›MacGyver‹ Bear Grylls realen Überlebenssituationen in der Wildnis stellt.

Dieses Projekt hat so viel Spaß gebracht! Meine Aufgabe war es, alles zusammenzubinden, während mein Sohn den Reisig so legte, wie er ihn haben wollte. Es macht mir solchen Spaß, wenn wir beide etwas bauen. Es braucht einige Minuten, bis ich mich hineindenken kann, aber wenn ich einmal ›drin‹ bin, kosten wir jede Sekunde aus und arbeiten Hand in Hand. Wir unterstützen uns gegenseitig und wenn einmal etwas nicht funktioniert, ermuntern wir uns gegenseitig.

Ich liebe diese gemeinsame Zeit. Er findet es gut, dass ich nicht Angst davor habe, mich ›schmutzig‹ zu machen, wie er sagt.

Ja, das mag zunächst merkwürdig klingen, aber wie das alte Sprichwort sagt: Glaube nicht alles, was du denkst. Kinder müssen nicht gezwungen werden zu lernen. Niemals. Sie müssen niemals bestraft oder mit Noten motiviert werden, um zu lernen, was sie im Leben brauchen, oder um erfolgreich und glücklich zu sein. Kinder müssen keine Feuerprobe bestehen, um im Leben weiterzukommen, wie es für Kinder in unserem Kulturkreis angenommen wird. **Wenn man genau hinsieht, fällt auf, wie verkorkst in unserer Gesellschaft die Auffassung von Bildung und Erziehung tatsächlich ist.** Es wird Zeit, uns für einen Paradigmenwechsel zu öffnen und uns als Eltern weiterzuentwickeln. Unsere Kinder verdienen es!

Hinter Unschooling steht in der Tat die Überzeugung, dass es nichts gibt, was man in der Schule lernt, das man nicht auch zu Hause lernen könnte – nichts. Eigentlich kann man sogar mehr lernen, wenn man den ganzen Tag lang seinen Interessen nachgeht.

Die meisten Homeschooler praktizieren Schule zu Hause, kaufen also ein Lehrbuch, setzen sich an den Küchentisch und tun letztlich, was in der Schule auch gemacht wird. Erzwungenes Lernen hat jedoch negative Auswirkungen, es beeinflusst in drastischer Weise den Selbstwert eines Kindes und erzeugt eine Antipathie für das Lernen. Wenn man gegen den eigenen Willen gezwungen würde, tagein tagaus etwas zu tun, an dem man keine Freude hat, würde man jemals Freude daran gewinnen können? Oder würde man nicht eher das Weite suchen, sobald etwas dem Lernen auch nur entfernt gliche?

Meine Kinder verfolgen ihre Interessen.

Im Unschooling-Konzept wird den Kindern das Vertrauen geschenkt, dass sie fähig sind zu lernen, was sie im Leben benötigen und dann, wenn sie es benötigen, indem sie die Freiheit genießen, die m.E. allen Menschen zukommt. Lebenslanges Lernen ist so natürlich wie das Körperwachstum oder der emotionale Reifungsprozess. Lesen, Schreiben, Rechnen sind alles Fertigkeiten, und zwar sehr sinnvolle Fertigkeiten, die sich unsere Kinder spontan aneignen werden, wenn wir umgeben von Schrift leben und im Alltag ungezwungenen Umgang mit Zahlen und Rechnen pflegen. Welchen Nutzen hätte es, diese Dinge überhaupt zu lernen, wenn sie nicht bereits Teil des Lebens wären?

Babys lernen laufen und sprechen, da diese Fertigkeiten sie weiterbringen, und ebenso hilfreich sind Grundfertigkeiten im Lesen, Schreiben und Rechnen für unsere Kinder, weil diese sie in ihrem Leben weiterbringen. Genau wie ein Baby laufen und sprechen lernen wird, wenn es soweit ist, und zwar ohne je Unterricht dafür zu benötigen, so werden sich auch ältere Kinder Fertigkeiten wie das Lesen und Schreiben aneignen. Ich bin mir gewiss, dass meine Kinder sämtliche Kenntnisse und Fertigkeiten erlangen werden, die sie für ihre ureigenen Ziele im Leben benötigen. Ich habe schon immer darauf vertraut, dass sie das tun würden und so geschah es bislang auch.

Ich sehe mich als ihre Lernbegleiterin.

Ich sehe mich selbst nicht als Lehrerin meiner Kinder. Ich stelle mich nicht vor sie und kippe Wissen in sie, als sei ich eine alleswissende Autorität. Meine Aufgabe ist es, ihnen so viel wie möglich von der Welt aus so vielen Quellen wie möglich zu geben, so dass sie ihre Interessen herausfinden und diesen nachgehen können. Mein Mann und ich sind immer für sie da und helfen ihnen, wo wir können. Unsere Aufgabe ist es, uns jederzeit einzubringen und jederzeit praktische Hilfe zu leisten.

Wir müssen nicht auf alles eine Antwort haben. Wenn ich auf das Wissen eines einzigen Menschen angewiesen wäre, wie im Falle des Schülers und Lehrers in der Schule, würde mein Wissen von einem Menschen geprägt und begrenzt sein. Unschooling zu leben bedeutet, dass wir gemeinsam erforschen, weil wir eben nicht alles wissen, was ein Familienmitglied jeweils bewegt.

Was wir allerdings wissen, ist, wie wir etwas über diese Fragen in Erfahrung bringen können, und das ist das Wichtigste. Über das Internet, das Fernsehen, über Bücher, Videospiele, Tagesausflüge und Urlaubsreisen, durch die Ressourcen, die Gemeinschaft bietet, und Praktika ermöglichen wir unseren Kindern mehr, als traditionelle Beschulung jemals bieten könnte. Wir scheuen uns nicht zu sagen, »ich weiß es nicht, lass es uns gemeinsam erforschen.«

Unsere Kinder lernen, dass es keine Schwarz-Weiß-Antworten gibt. Sie lernen die Theorien und Anschauungen anderer kennen, und entnehmen diesen eigene Antworten und ziehen ihre eigenen Schlüsse bezüglich der Fragen, die die Menschheit bewegen. **Kurz, bei uns wachsen freie Geister auf.**

Unschooling-Moment: Ich muss nicht alles auf einmal können

»Mama«, sagte Devin, »Ich will endlich *Pokémon* spielen können.«

»Okay«, antwortete ich, während ich bei mir dachte: »Ich verstehe die Spielregeln nicht, indem ich sie nachlese. Ich hab's versucht und habe nichts verstanden.« Das Spiel schien so kompliziert. »Was mache ich bloß?«

»Ich bin seine Lernhilfe, ich muss in der Lage sein, das zu können«, aber ich hatte keine Vorstellung davon, wie man *Pokémon* spielt.

Ich versuchte, mich zu zwingen, die Spielanleitung zu lesen, aber ich kam mir wieder vor wie in der Schule, wo ich gegen meinen Willen zu lernen versuchte. Es fühlte sich einfach nicht gut an, ich war frustriert. Aber Moment mal! Ich musste nicht alles wissen und können. Streichen wir diesen Erziehungsgedanken einfach! Ich brauchte es nur für ihn herauszufinden, also suchte ich im Internet danach. Ich fand ein spannendes *Pokémon* Lernvideo, das er am Ende mit Freude nutzte.

Devin dankte mir, mehrere Wege für ihn herausgefunden zu haben, wie er *Pokémon* spielen lernen konnte und dafür, auch den für ihn passenden Weg gefunden zu haben. Das ist eine von vielen Freuden in unserem Leben: die Freiheit und die Zeit zu haben, den besten Lernweg zu ermöglichen.

Viele Menschen haben mich gefragt: »Woher weißt du, dass dein Kind überhaupt lernt, wenn es gar nicht zur Schule geht, ohne die herkömmlichen Schulaufgaben und Noten?« Ja, wie haben Sie festgestellt, dass Ihr Kind das Laufen oder das Sprechen lernte? Sie haben diesen einmaligen Moment im Leben Ihres Kindes bestimmt mitverfolgt, oder? Im Unschooling nimmt man genau denselben Blickwinkel ein: Ich stehe meinen Kindern zur Seite. Ich weiß, was sie lernen. Ich bin bei ihnen, nehme wahr und nehme Anteil an dem, was sie tun. Ich brauche das Urteil anderer nicht, die mir von den Lernfortschritten meiner Kinder berichten oder sie mit Noten bedenken. Ich brauche nur tagtäglich die Augen zu öffnen. Aber darüber hinaus bin ich der Überzeugung, dass es allein ihre Sache ist, was sie lernen, und ich denke, es ist nicht richtig, ständig ihr Gehirn auszuleuchten, um herauszufinden, was sie nun wissen. Ich traue ihnen und ihrem ureigenen Lernprozess einfach.

Bildung ist im Unschooling *kein* erklärtes Ziel. Unsere Ziele sind, in der Familie die Verbindung zueinander aufrechtzuerhalten und gemeinsam unseren individuellen Interessen nachzugehen. Kinder erlangen ihre Bildung dann nebenbei, wenn sie ein reichhaltiges Leben mit uns teilen. In unserem Haus gibt es einfach eine Fülle an spannenden Dingen zu tun: Musik, Kunst, Spiele, Handwerk. Unsere Küchenschränke sind voller Koch- und Experimentierzutaten. Unsere Bibliothek quillt über vor spannender Lektüre, informativen Zeitschriften, reizvollen Spielen und Puzzles. Aber vor allen Dingen umgibt uns viel Platz. Platz zum Spielen, Tanzen, Kreativsein und Entdecken. Wir haben fünf Fernsehgeräte im Haus, vier Computer, Handheld-Konsolen[3] und viel Plastik- sowie Naturspielzeug. Was unsere Kinder auch möchten, wir bemühen uns, es ihnen zu ermöglichen.

Die Wünsche unserer Kinder sind gleichzeitig ihre Bedürfnisse. Als Unschooling praktizierender Elternteil ist mir unsere Umgebung wichtig. Ich möchte gerne sicherstellen, dass zumindest ein großer Tisch frei ist, damit er jederzeit Material zum Entdecken aufnehmen oder zum Basteln, Malen oder Schreiben genutzt werden kann. Es fällt auch in meinen Aufgabenbereich, die Dinge in Ordnung zu halten und tagein, tagaus und von früh bis spät involviert zu sein in das, was meine Kinder beschäftigt, aber auch meinen eigenen Interessen nachzugehen. Ich genieße diese Rolle, und meine Kinder wissen, dass ich jederzeit etwas für sie nachsehen, vorlesen oder mit ihnen kochen würde und so gut ich kann, präsent bin.

---

3 Anm. d. Ü.: Im Gegensatz zu stationären Spielkonsolen ein tragbares Gerät wie z.B. Game Boy, Nintendo DS etc.

Ziel des Unschooling ist, Ihrem Kind zu helfen, das zu werden, was seine Bestimmung im Leben ist.

In unserer heutigen Kultur räumen wir Schule und Erziehung einen größeren Stellenwert ein, während wir die Familie, den Spaß, die Freude, das Glück und auch unsere eigenen Interessen hintanstellen. Die Kinder von heute leben nach einem fremdbestimmten Zeitplan. Das erfüllt mich mit Trauer. **Kinder sind Menschen, die *jetzt* leben.** In unser Kultur begreifen wir Kinder grundsätzlich als Wesen, die sich für die Zukunft rüsten – ihr Leben beginnt in unseren Augen irgendwann später, sie leben nicht etwa jetzt schon. Kindern wird selten die Gelegenheit geboten, im Jetzt zu leben. Kinder immerzu auf ihre Zukunft vorzubereiten, käme dem Versuch gleich, Erwachsene willkürlich den ganzen Tag und mehrere Tage hintereinander in einem Klassenzimmer sitzen zu lassen, um sie für das Rentnerdasein vorzubereiten. Wie erfüllt wäre ein solches Leben?

Dahinter stehen natürlich eigentlich gute Vorsätze unserer Gesellschaft, und dennoch begehen wir damit einen großen Fehler. Es macht einen großen Unterschied, ob man lernt, bewusst zu leben und sich des **Hier und Jetzt** gewahr zu sein, oder ob man in Vorbereitung auf ein späteres Leben lebt. In der Gegenwart zu leben bedeutet gleichzeitig, mehr Aufmerksamkeit und Selbstwert für den Einzelnen. Das Konzept des Radical Unschooling weitet diesen wichtigen Grundsatz auch auf Kinder und Familien aus. Diese Sicht auf das Leben ist auf der Höhe der Zeit und zudem längst überfällig. **Es ist an der Zeit, Ihr eigenes und das Dasein Ihrer Kinder wieder in die Hand zu nehmen und ein glückliches Leben zu beginnen.** Jeder kann das, wenn er es nur wirklich will.

Als Unschooling praktizierende Familie stellen wir die Familie an erste Stelle. Wir zwängen unseren Urlaub nicht in vordefinierte Schulferien. Wir brauchen keine Erlaubnis einzuholen, um sie mitnehmen zu *dürfen*, wohin es uns beliebt. **Wir leben – im wahrsten Sinne des Wortes – ein freies Leben.**

Bildung findet einfach statt und ist ein wichtiger Teil des Lebens, aber sie braucht eben ein großes, stabiles Fundament bestehend aus Vertrauen, Verbindung und Spaß am Zusammensein als Familie und am gemeinsamem Erleben. Wir haben uns vorgenommen, der Familie Priorität einzuräumen. Ich kann mir nicht vorstellen, unser Leben um einen Stundenplan und um die Anforderungen herum zu arrangieren, die die Institution Schule den Eltern aufzwingt. Die Belange der Schule stehen stets an erster Stelle *vor den Belangen der Familie* – für mich der helle Wahnsinn; und ich entscheide mich dafür, der Schule gar keinen Platz in unserem Leben einzuräumen. **Wir leben unser Leben gemeinsam; dabei sind uns die Nähe innerhalb unserer Familie und unsere individuelle Freiheit das Wichtigste überhaupt.** Alles andere ordnet sich dem unter.

KAPITEL 2

Der Unterschied
zu konventioneller Erziehung

*Wenn ich eine allgemeingültige Regel für das Leben und Arbeiten mit
Kindern aufstellen müsste, wäre es wohl folgende: Sag einem Kind
nur, was du einem Erwachsenen sagen würdest, dessen gute Meinung
und Zuneigung du schätzt.*

John Holt

Wenn ich mich in etablierten Erziehungskreisen bewege, stellen mir die Leute Fragen zu Hausaufgaben oder zur Disziplin, und ich erkläre dann, dass manche Begriffe aus dem etablierten Erziehungskonzept nicht auf das Radical Unschooling anwendbar sind.

Unsere Kinder müssen etwas nur insoweit zu Ende bringen als es sie interessiert. Dieser Aspekt des natürlichen Lernens unterscheidet sich von einer forcierten Lernsituation, in der Kinder nicht nur angehalten werden, etwas zu Ende zu bringen, sondern darüber hinaus danach benotet werden, wie gut sie die Sache erledigen. Die Aufmerksamkeit ist nicht auf Inhalte gerichtet, sondern lediglich auf Aufgabenerfüllung und Gehorsam.

Der Begriff von Aufgeben oder Minderleistung ist in unserem Leben nicht vorhanden, da ein Kind ein Thema soweit nach eigenem Wunsch bearbeitet, bis es persönlich damit zufrieden ist. Wenn es genug Wissen oder Information angesammelt hat, seine Neugier gestillt ist, macht es sich an die nächste Sache. Unsere Kinder müssen ihre selbstgestellten Aufgaben nicht nach fremdem Gutdünken erfüllen oder zu Ende bringen. **Unschoolingkinder können eine Sache soweit ver-**

25

folgen, wie sie sie verstehen oder selbst wünschen. Dabei handelt sich um eine persönliche Entscheidung, deren Beurteilung niemand anderem zusteht.

Ein Beispiel: Mein Sohn Devin hat so lange Schlagzeugunterricht genommen, bis er das Gefühl hatte, sein Ziel erreicht zu haben. Er nahm viele Stunden, zusammengenommen vielleicht einen Unterrichtszyklus und noch einige Stunden mehr. Er hat den zweiten Unterrichtszyklus nicht zu Ende gebracht, da er zu diesem Zeitpunkt das Gefühl hatte, so weit gekommen zu sein, wie er wollte. Wir haben ein Schlagzeug gekauft, auf dem er täglich stundenlang spielt. Wenn sein Gehirn nach mehr Input dürstet, wird er eventuell mehr Unterricht nehmen. Vielleicht nutzt er aber auch einen Kurzlehrgang im Internet oder eine Lehr-DVD. Er lernt ohnehin jeden Tag, indem er spielt. Wir vertrauen ihm und bieten ihm die technischen und finanziellen Möglichkeiten, aber er entscheidet, was er nutzt. Auf diese Weise bleibt ihm sein innerer Wegweiser erhalten. **Ich bin froh, dass wir ihm dieses Vertrauensgeschenk machen können, ohne jemals etwas zu forcieren, zu belohnen oder zu bestrafen.** Wir halten die innere Verbindung zu ihm, und er wiederum vertraut uns und lebt gerne mit uns zusammen – ein positiver Nebeneffekt unserer Art des Zusammenlebens.

Das Unschooling ist eine derart individualisierte Form von Bildung, dass es niemandem je möglich ist zu sagen, wann jemand mit seinem Lernen fertig ist. **Lernen endet nie – es gibt kein Fertigsein.** Wir respektieren den Weg, den ein Kind einschlägt, um zu erfahren, was es wissen oder können will. Die Aufmerksamkeit im Radical Unschooling liegt auf dem Vertrauen, der Freiheit und dem Glauben, dass Menschen am ehesten aus eigener Motivation lernen. Wenn Kinder aus innerer Motivation lernen, lernen sie, was sie brauchen, und nicht, was nach anderer Leute Meinung das Beste für sie wäre. *Lernen macht Spaß, wenn wir nicht dazu gezwungen werden.*

In der Schule müssen alle Kinder dasselbe lernen. Unschoolingkinder verfügen über dasselbe Wissen wie Schulkinder, doch ist das Wissen individuell zugeschnitten. Unsere Kinder mögen in manchen Bereichen vielleicht nicht exakt dasselbe Wissen vorweisen wie ein Schulkind, jedoch übersteigt das Wissen in Bereichen ihres Interesses *bei weitem* das Wissen eines Schulkindes, das eine portionierte Bildung verabreicht bekommt. Reichhaltiges, persönliches Wissen ist der Inbegriff von individualisierter Bildung. Wir sind nicht dazu bestimmt, im Leben alle dasselbe zu wissen und dieselben Dinge zu lernen, um glücklich und erfolgreich zu sein.

Sozialisation

Sozialisierung ist ein Thema, das in unserem Leben häufig angesprochen wird. Im Leben eines Unschoolingkindes wird es zu keiner Zeit in eine Gruppe Gleichaltriger gezwungen. Das entspricht lediglich der Praxis von Schulen, der wir den Glauben zu verdanken haben, dass es so sein *müsste*. Nichts könnte der Wahrheit ferner liegen. In unserer natürlichen Umgebung leben wir niemals in einer solchen Konstellation, etwa in einer Gruppe lauter 35-Jähriger. Kinder sieben Stunden in einem Klassenraum verbringen zu lassen ist sehr unnatürlich, und beeinträchtigt die Kinder in ihrer Fähigkeit, Verbindung zu Menschen aufzunehmen, die *nicht* ihr Alter haben. Diese Praxis stört obendrein die von der Natur vorbestimmte Art der Sozialisierung von Menschen.

Das Unschoolingleben beinhaltet die Interaktion mit den unterschiedlichsten Menschen in unserer Gesellschaft, vom Bettler vor dem Lebensmittelladen über den Buchhändler bis zu den Angestellten in der Bäckerei. Echte Sozialisierung findet durch Interaktion mit Menschen jedes Alters und jeder Mentalität statt, indem voneinander gelernt und ein Stück

Lebenszeit geteilt wird. Meine Kinder verbringen gern Zeit mit anderen Kindern, aber keinem von ihnen ist das Alter der anderen wichtig. Ihre Aufmerksamkeit richtet sich eher auf deren Interessen und Hobbies. Dort findet die Verbindung statt. Die Verbindungen sind das, was zählt! In erzwungenen Situationen die Verbindung zu jemandem zu suchen, mit dem man lediglich das Alter teilt, ist langweilig und führt nicht zu erfüllenden Beziehungen. Konflikte entstehen, und wir lernen dabei, dass Beziehungen wohl so sein müssen. Wir bleiben bei diesem Irrglauben, ohne jemals wirklich Verbindung zu Leuten aufzunehmen, deren Interessen und Überzeugungen wir teilen, und schließlich nehmen Beziehungsstörungen zu.

Unschooling-Moment

Auf der *Rethinking-Education-Konferenz* sprudelte Dakota nur so vor Ideen. Sie war ganz in ihrem Element und wurde dort von allen begeistert aufgenommen. Wir überflogen zu zweit das Konferenzprogramm und stießen auf den ›Leonardo-Da-Vinci-Erfinderwettbewerb‹. Meine Frage, ob sie interessiert sei, beantwortete sie mit ›ja‹.

Wir gingen ins Erdgeschoss, wo wir unsere Materialtasche abholten. Alle bekamen dieselben Materialien, um daraus ihre eigene Erfindung zu basteln. Alle Konferenzteilnehmer sollten aus 100 Erfindungen, die in drei Kategorien aufgeteilt waren, jeweils einen Gewinner wählen, auf die eine Prämie wartete.

Dakotas Erfindung war eine Barbiepuppen-Kleiderstange. Sie hatte sich für ihre Erfindung sehr ins Zeug gelegt und wollte *unbedingt* gewinnen.

Am letzten Konferenzabend wurden die Gewinner bekanntgegeben. Ich war so stolz, als Dakota als Gewinnerin der Kategorie ›Höchst Nützliches‹ hervorging! Sie war so aufgeregt und gleichzeitig zurückhaltend stolz, als sie auf die Bühne ging, um ihren Preis entgegenzunehmen. Alle klatschten Beifall und jubelten ihr zu. Ich muss jedes Mal lächeln, wenn ich an diesen so besonderen Moment in ihrem Leben zurückdenke.

Den Preis zu gewinnen war für sie aus heutiger Sicht das Wichtigste an der Konferenz. Es war so herrlich, sie oben auf der Bühne zu sehen! Sie war so stolz – so selbstbewusst.

Unschoolingkinder erlangen durch den Kontakt und die Verbindung zu ganz unterschiedlichen Menschen eine ausgewogene Sozialkompetenz. Wir haben sowohl Freunde, deren Kinder auf traditionelle Schulen gehen, als auch Freunde mit Unschoolingkindern. Meine Beobachtung ist, dass Unschoolingkinder sich bei unserer Art Umgang miteinander nicht scheuen, sich an einen Erwachsenen zu wenden und mit ihm ein Gespräch zu beginnen.

Den beschulten Kindern meiner Freunde fällt es mitunter sogar schwer, mit mir zu sprechen. Sie sprechen mit anderen Kindern, vermeiden es, mich zu begrüßen. Erwachsene stehen außerhalb ihres Erfahrungshorizonts, sind für sie zumeist Autoritätspersonen und nicht etwa jemand, mit dem sie sich ein entspanntes Gespräch oder gar eine Freundschaft vorstellen können.

Mein Sohn Devin besucht manchmal eine Freundin, die in unserer Straße wohnt. Er steht dieser 65 Jahre alten Frau genauso nahe wie jedem seiner gleichaltrigen Freunde. Er ist gerne bei ihr und lernt von ihr. Ein durchschnittliches Schulkind würde kaum eine ältere Frau zur Freundin haben. Devin hingegen würde einen Achtzigjährigen ebenso einfach ansprechen und zum Freund haben können wie einen Dreijährigen. Ich schätze seine innere Freiheit, die große Vielfalt an Menschen zu nutzen, um Freundschaften auf der Basis von gemeinsamen Interessen zu schließen. Wieviel umfangreicher ist seine Welt im Vergleich zu der eines durchschnittlichen Kindes! Ich freue mich so sehr darüber, dass meine Kinder schlicht jeden zum

Freund haben können, statt einer gesellschaftlich geprägten Vorstellung zu folgen, wonach Freunde aus einer Altersgruppe und einem durch die Klassensituation in der Schule begrenzten Angebot gewählt werden.

Alterstrennung - wie wir sie in der Schule erschaffen haben gehört nicht zur Realität in unserer Gesellschaft. Diese Realität gleicht eher einem Stammesleben, in der die Menschen Teil einer großen Gemeinschaft sind. Das führt zu einer natürlicheren Lebensart – ein deutlich besserer Weg für Kinder, etwas über Vielfalt und Akzeptanz zu lernen!

Alle Bedürfnisse unter einem Hut

Eine meiner Aufgaben als Unschoolingmutter besteht darin, sicherzustellen, dass die Bedürfnisse aller befriedigt werden und sich alle gehört fühlen. Wenn die Kinder beispielsweise wegen eines Spiels oder Buches streiten, bitten sie mich, die unterschiedlichen Standpunkte in Worte zu fassen oder zwischen ihnen zu vermitteln. Oder nehmen wir die Situation als Beispiel, in der einer den anderen anschreit; dann hole ich einmal tief Luft und spiegle in Ruhe: »Devin wäre jetzt so gern mit Spielen dran. Wie lange brauchst du noch?« Ich kann mit meiner Stimme einen Ruhepol schaffen, um zwischen den beiden Konfliktparteien zu vermitteln.

Eine für alle Seiten gewinnbringende Konstellation für meine Kinder zu finden, ist Teil meines Alltags mit ihnen.

Wie unser Haushalt funktioniert

Wenn ich auf Unschoolingkonferenzen andere Eltern treffe, wird viel darüber gesprochen, wie wir unseren Haushalt mit seinen Aufgaben organisieren, also wie wir es mit den Mahlzeiten, dem Zubettgehen und der Aufgabenverteilung handhaben. Ein weiteres wichtiges Thema betrifft das Fernsehen und dessen Beschränkung. Das beschäftigt Eltern, die zu den Konferenzen kommen, um das Unschooling zu verstehen.

In unserem Haushalt bringen diese Themen keine Probleme oder Schwierigkeiten mit sich. Wir vertrauen den Bedürfnissen unserer Kinder absolut: Sie gehen – wie wir – zu Bett, wenn sie müde sind, und stehen – wie wir – auf, wenn sie ausgeschlafen sind. Sie schauen so viel Fernsehen oder spielen so viele Konsolenspiele, wie sie wollen.

Manche Eltern halten das sicher für verrückt und vermuten, dass Kinder dann pausenlos fernsehen und spielen würden. Und dennoch tun sie es nicht. Sie befinden sich in einem bemerkenswerten Gleichgewicht, weil sie die Freiheit der Entscheidung haben. Zudem nutzen Schulkinder das Fernsehen auf gänzlich andere Art als unsere unbeschulten Kinder. Schulkinder gebrauchen es häufig als Möglichkeit, Spannungen abzubauen und ihrer Realität zu entkommen. Unsere Kinder verwenden das Fernsehen als Möglichkeit zum Lernen. Sie nutzen es, um mehr über die Alternativen zu erfahren, die unsere Welt bereithält, indem sie das mögliche menschliche Potenzial sehen. Es dient ihnen als Mittel zu erfahren, was es in der Welt gibt, und als eine zusätzliche Möglichkeit, ihre Interessen zu verfolgen. Alle Studien zu Fernsehkonsum und dessen schädlicher Wirkung werden mit beschulten Kindern durchgeführt, nicht etwa mit unbeschulten Kindern, die das Fernsehen mit gänzlich anders gearteter Intention wahrnehmen. Diese Studien treffen nicht auf unsere Kinder zu.

Schlafenszeiten

In unserer Familie gehen die jüngeren Kinder, Ivy und Orion, gegen neun oder zehn Uhr ins Bett. Für gewöhnlich nehmen wir ein Bad, lesen Geschichten und kuscheln. Zu Bett zu gehen ist für sie etwas Angenehmes. Meine älteren Kinder, Devin und Dakota, bleiben noch wach und sehen fern, spielen oder lesen Bücher. Sie werden üblicherweise gegen elf oder zwölf Uhr müde und gehen dann ins Bett. Das Zubettgehen der Kinder war für uns keine größere Herausforderung als für uns Erwachsene. Ich gehe gern schlafen, und meinen Kindern geht es ebenso – wenn wir müde und dazu bereit sind.

Im Winter bleiben wir sehr viel länger wach als im Sommer. Im Sommer gehen wir früh zu Bett. Es entspricht dem natürlichen Ebbe- und Flut-Rhythmus der inneren Uhr der Kinder, und die ist jahreszeitenabhängig. Das ist nicht nur eine freudvollere Art zu leben, sondern auch viel gesünder. Es ist so vorgesehen, dass wir uns nach den Jahreszeiten richten. Wir sind schließlich Teil des planetarischen Rhythmus‹ der Erde. **Dem Rhythmus der Natur zu huldigen, ist einer der Vorteile des Lebens im Radical Unschooling.**

Wir haben zwar keinen geregelten Tagesablauf, dafür haben wir abends unseren Rhythmus. Wir essen für gewöhnlich gemeinsam zu Abend und spielen dann, lesen oder sehen uns eine Sendung im Fernsehen an. Jetzt gerade ist Joe drüben in unserem Spielzimmer über seiner Werkstatt und spielt mit den Kindern. Sie ringen zum Spiel miteinander, spielen mit Bällen. Wenn sie zurück sind, werden sie ausgetobt sein, ihre Schlafanzüge anziehen und noch etwas Kleines essen. So sieht ein durchschnittlicher Abend für uns aus. **Wir haben keinen festen Tagesablauf wie die meisten Menschen, sondern stattdessen einen flexiblen Tagesrhythmus, und werden damit den von Tag zu Tag unterschiedlichen Bedürfnissen jedes Familienmitglieds gerecht.**

Unschooling-Moment

Sich unserer Angst zu stellen und schließlich zu vertrauen, ist ein bedeutender Meilenstein auf unserem Weg der bewusst gewählten Eltern-Kind-Beziehung. Die meisten von uns wuchsen zu einer Zeit auf, in der uns angstgesteuerte Taktik von Lehrern und Sorgeberechtigten im Zaum halten sollte. Uns wurde stets die drohende Katastrophe vor Augen gehalten und wir taten, was von uns verlangt wurde, da wir Strafen fürchteten. Denken Sie einmal zurück - ich bin mir sicher, Ihnen fallen einige dieser Momente ein.

Angst ist eine Methode, um andere dazu zu bringen das zu tun, was man will – und es ist durchaus möglich, ausschließlich auf diese Methode zurückzugreifen. Konventionelle Erziehung nutzt diese Methode, um Kinder zu steuern und unsere Erwachsenenbedürfnisse zu erfüllen. Kinder glauben ihren Eltern und nehmen deren Werte für bare Münze. Worte werden mit Angst verbunden und somit zu neuronalen Assoziationen. Die Worte sind von nun an für immer mit der Angst verbunden.

Angst als Methode der Motivation zu nutzen hat lebensverändernde Nebenwirkungen. Aus diesem Grund habe ich mich entschieden, diese Art Taktik in Bezug auf meine Kinder nicht mehr zu verwenden. Es erfordert Mühe und Anstrengung, die Ängste abzulegen, die uns in unserer Kindheit eingeflößt wurden.

Ich dachte gerade daran, darüber in meinem Blog zu schreiben, als die Mädchen heute Morgen das Frühstück zubereiteten. Eine dieser knieerweichenden Ängste mit Katastrophenszenario erfasste mich in den ersten Minuten, in denen die beiden mit heißen Pfannen hantierten, aber ich gebot dieser Stimme in mir Einhalt, um der Stimme des Vertrauens wieder Raum zu geben. Haben Sie eine Vorstellung davon, welche Nebenwirkungen Vertrauen im Vergleich zu Angst hat?

Angst = neurotische, irrationale Ängste, die einen Menschen sein Leben lang begleiten und die Entwicklung und Lernen behindern.

Vertrauen = Verbindung mit der Bezugsperson, erstaunliche Zuversicht, emotionales Wachsen, natürliches Lernen.

Mahlzeiten

Zum Abendessen mache ich oft ein kleines Büffet fertig, bei dem für jeden etwas dabei ist. Ich zwinge meine Kinder niemals, etwas zu essen, was sie nicht mögen, noch zwinge ich sie, sich zum Abendessen zu uns an den Tisch zu setzen. Sie können sich zum Essen vor den Fernseher setzen oder in ein anderes Zimmer gehen. Für gewöhnlich wollen sie jedoch bei uns sein – bei dieser Art von Umgang genießen die Kinder einfach die Gesellschaft ihrer Eltern. Unsere Kinder mögen uns wirklich. Mahlzeiten verbringen wir gemeinsam, weil es angenehm ist, und keine mit Strafen erzwungene Situation.

Wenn unsere Kinder sich zum Abendessen zu Joe und mir setzen, dann weil sie bei uns sein wollen, und weil gemeinsames Essen ein Familienereignis ist. Wenn das Abendessen fertig zubereitet und jemand noch beschäftigt ist, biete ich an, ihm das Essen zu bringen. Meine Kinder schätzen das sehr.

Aufgaben im Haushalt

Unsere Kinder haben keine festen Aufgaben im Haushalt. Sie helfen allerdings gerne von sich aus. Devin saugt gerne und Dakota und Ivy wischen Staub, putzen Fenster und wischen die Küche. Unsere Kinder machen sauber, weil es *einen Sinn ergibt*, das zu tun. Sie genießen es, an diesem Aspekt des Familienlebens teilzuhaben. Ich halte sie übrigens auch nie dazu an, ihre Zimmer aufzuräumen. Ich trage die Verantwortung, ihre Zimmer sauber zu halten, denn ich weiß: Wenn ich ihnen saubere, strukturierte Räume anbiete, gewöhnen sie sich daran und behalten diese Ordnung auch bei, wenn sie älter werden. Devin bittet mich, ihm zu helfen, wenn er sein Zimmer um- oder aufräumen möchte. Ich mache das mit großer Freude für ihn. Er fühlt sich mit einem gut organisierten und aufgeräumten Zimmer und Zuhause sehr wohl. Allen unseren Kindern geht es so, und ich sehe es als meine Verantwortung, meiner Familie diese Art von Umgebung zu bieten. Ich möchte klarstellen, dass ich kein spezielles Bedürfnis nach Sauberkeit habe und diese für mich auch nie Priorität vor den Bedürfnissen meiner Kinder hat. Saubermachen und Aufräumen bedeuten lediglich, eine Balance im Haushalt herzustellen, und ich tue davon während eines Tages hier und da etwas. Joe und die Kinder beteiligen sich daran. Wenn sie merken, dass etwas zu tun ist, tun sie es einfach, wenn es ihnen möglich ist. Ich denke, dass das daran liegt, dass ich Hausarbeit mit Freude mache und dankbar dafür bin, ein solches Zuhause zu haben und so leben zu können. Ich kann mir nicht vorstellen, dass meine Kinder soviel helfen würden, wenn ich mich beim Saubermachen ständig über »Chaos« beschwerte. Mir ist wichtig, dass unser Zuhause einem gemütlichen Nest voller freudiger Aktivitäten und entspannter Kuschelecken entspricht. Ich möchte gerne, dass unser Zuhause für meine Familie der angenehmste Aufenthaltsort der Welt ist, und ich darf stolz behaupten, dass dem so ist.

Freundlichkeit

Ich spreche auf freundliche Weise mit meinen Kindern und ich behandle sie freundlich. Konventionelle Erziehung steckt oft voller kritischer Untertöne, ohne dass die meisten Eltern sich dessen bewusst sind. Wenn Sie freundlich mit Ihren Kindern umgehen, so geben diese die erlebte Freundlichkeit an andere weiter.

Bestrafen Sie Ihre Kinder und wenden Zwang im Umgang mit ihnen an, lernen diese, andern und Ihnen gegenüber gemein zu sein. Dieser Zusammenhang ist so einfach und für die meisten Eltern dennoch so kompliziert zu verstehen. Freundlichkeit gebiehrt Freundlichkeit. Respekt gebiehrt Respekt.

Kinder erlernen das, was sie erleben, und wir nehmen das sehr ernst und peinlich genau.

Stellen Sie sich vor, dass Sie Besuch haben. Wie behandeln Sie als großzügiger Gastgeber bzw. großzügige Gastgeberin den Besuch? Wieviel Respekt zollen Sie Ihren Gästen? Sie sagen beispielsweise: »Wir essen gegen sieben zu Abend – bitte bleibt doch. Aber vielleicht mögt ihr kein Lammfleisch? Ich kann schnell noch etwas anderes zubereiten.«

Ich käme nie auf die Idee, zu einem Gast zu sagen: »Essen ist fertig! Setz dich und sei still. Wenn du nicht ruhig bist, sitzt du ratz-fatz auf dem Stillen Stuhl. Du isst deinen Teller leer, sonst gibt's keinen Nachtisch.« Wie wäre die Beziehung zu Freunden wohl, wenn wir Gäste auf diese Weise behandelten? Welche Wirkung hat solches Verhalten wohl auf Ihr Kind?

Sich auf ein Leben einzustellen, in dem wir Kinder respektieren, braucht seine Zeit. Das Denken muss schließlich umgepolt werden, so dass wir aufhören, Kinder wie Menschen zu sehen, die angeleitet werden müssen, und sie eher als Menschen zu sehen, denen dieselbe Freundlichkeit und derselbe Respekt gebührt, den wir unseren Gästen oder Freunden oder auch jedem anderen von uns geschätzten Menschen zuteil werden lassen.

Eltern verlieren die Verbindung zu ihrer instinktiven Weisheit, zu ihrer natürlichen Bewusstheit dadurch, wie sie – und die meisten von uns – erzogen wurden. Die heutige Erziehung von Kindern sieht immer noch aus, als handelte es sich dabei nicht um Menschen, sondern um Hunde. Dass der Schwerpunkt in der Erziehung auf Gehorsam liegt, verursacht nach meiner Beobachtung Verbindungslosigkeit und schadet den Menschen. Ich lese Schmerz und Verwirrung in den Augen der Eltern bei *Nanny 911*[1] und möchte am liebsten in den Fernseher fassen, einen tröstenden Arm um sie legen und ih-

---

1 Anm. d. Ü.: US-amerikanische Konkurrenzsendung zur Super-Nanny, US-Erstausstrahlung 2005, wobei ›911‹ dem Polizeiruf in den USA entspricht.

nen zeigen, dass es einen anderen, besseren als den dort vorgeschlagenen Weg gibt. Ich möchte ihnen mitteilen, dass der Schmerz, den sie fühlen, ihr inneres Warnsystem ist. Es teilt ihnen mit, was sie da im Begriff sind, ihren Kindern durch Bestrafung und Verlangen von Gehorsam anzutun − sie agieren damit gegen sich selbst als Menschen und gegen ihr instinktives Wissen.

Eines meiner Traumziele im Leben wäre, eine eigene, von *Nanny 911* grundverschiedene Sendung zu leiten, bei der ich Leuten zu Hause helfe, Konflikte auf respektvolle Weise im Sinne des *Peaceful Parenting*[2] zu lösen. Eines Tages wird dies Wirklichkeit werden. Irgendwann wird es soweit sein. Meine Vorstellung vom Titel für die Sendung lautet: *Radical Resolutions*[3].

Heutige Eltern tun auf der Grundlage ihrer Möglichkeiten und ihres Wissens das Beste im Rahmen dessen, was sie in ihrer eigenen Erziehung erfahren haben. Dennoch begleitet sie dabei ein Gefühl der Leere und sie fragen sich, warum ihre Kinder sie nicht mögen oder nicht gerne Zeit mit ihnen verbringen. In der Erziehungsdiskussion fallen Schlüsselworte wie beispielsweise »Rebellion«, und wir erheben diese dann zur Norm; aber was, wenn es nichts gäbe, wogegen man rebellieren müsste? **Was, wenn wir unseren Kindern gegenüber den Respekt erwiesen, den wir von ihnen einzufordern pflegen?** Was, wenn wir erkennen würden, dass Strafen als Vorbild für gemeines Verhalten wirken, dass Machtausübung niemals Gewalt beinhalten sollte und Kinder beim Übernehmen unseres übergriffigen Verhaltens letztlich lernen, selbst streng und gewalttätig zu sein?

---

2 Anm. d. Ü.: Einfühlsame, friedvolle Beziehung zu Kindern, erstmalig in den 1980er Jahren von der La Leche Liga als Begriff des kindbedürfnisorientierten Umgangs im Gegensatz zur ›Schwarzen Pädagogik‹ formuliert, dient seither vielen alternativen Erziehungsmodellen als Grundformel.
3 Anm. d. Ü.: Zu dt.: ›Radikale Vorsätze‹, mit ›Solutions‹ als Teilwort auch als Anspielung auf ›Radikale Lösungen‹ zu sehen.

Was würde passieren, wenn wir unsere Augen öffneten und wir sehen könnten, dass wir uns für die Entwicklung als Eltern entscheiden und einen anderen Weg kennenlernen können? Das Radical Unschooling ist dieser andere Weg und liefert Antworten auf so viele der heutigen Probleme, die Eltern mit ihren Kindern haben. Unschoolingfamilien müssen sich nicht mit »Rebellion« auseinandersetzen, da sie sich niemals zwischen ihre Kinder und deren Wünsche stellen. Wir sehen unsere Rolle darin, unseren Kindern zu helfen, das zu erlangen, was sie sich wünschen. Wir erleichtern ihnen den Weg zu ihren Wünschen: Wir verlassen das Paradigma des Machtkampfs und der Kontrolle und wenden uns der Verbindung und einer wahrhaften, respektvollen Familienbeziehung zu. **Wenn dieser Wechsel stattgefunden hat, entdecken wir die Liebe und ein tiefes Gefühl von Freude, das Eltern von Natur aus gegeben ist.**

Manchmal versetze ich mich in die Haut einer Anthropologin, wenn ich an einem Spielplatz oder in einem Museum sitze. Ich lehne mich zurück und beobachte die Leute, wie sie mit ihren Kindern umgehen. Ich habe beobachten können, dass sich ihr Umgang mit Kindern stark davon unterscheidet, wie sie mit einem durchschnittlichen Erwachsenen umgehen würden. Sie sind ständig dabei, sie zu trimmen: So ist's fein! Das tut man nicht! Lass das! Tu jenes! Diese permanente Stellungnahme und Beurteilung jedes einzelnen Verhaltens ihrer Kinder ist ein unnatürlicher Weg, mit einem Menschen in Austausch zu treten, den man schätzt und liebt. Eine solche Beziehung ist für Eltern wie für Kinder anstrengend und alles andere als freudvoll. Warum handeln Eltern dann so? Sie kennen es – bis jetzt – nicht anders.

Jedesmal, wenn wir versuchen, das Verhalten anderer zu lenken, verlieren wir die Verbindung zu wahrer Freude. Es fühlt sich für mich ganz anders an, mit Menschen zusammen zu sein, die konventionelle Erziehung betreiben und ihr Kind einem Drill unterziehen, als mit solchen, die mit ihrem Kind im Hier und Jetzt sind, sich mit ihm ›im Fluss‹ fühlen und in einer gelassenen, natürlichen Art, liebevoll und freundlich mit ihm umgehen.

Etablierte Erziehung bedeutet, in ständiger Zukunftsangst zu leben, statt einfach voll präsent zu sein. Es gibt einen gewaltigen Unterschied zwischen diesen beiden Blickrichtungen und einander widersprechenden Arten, mit Kindern zu leben. Erwachsene betrachten zurechtweisende Erziehung nicht als lieblos, aber für ein Kind ist es sehr frustrierend, andauernder Beurteilung ausgesetzt zu sein. Ich kenne das. Ich habe es erlebt. Auch Sie haben es erlebt. Die meisten von uns wurden auf diese Weise erzogen. Wir wissen, wie es sich anfühlte, beurteilt zu werden, andauernder Kritik ausgesetzt zu sein und dafür bestraft zu werden, nicht gehorsam gewesen zu sein. Das fühlte sich nie gut an, aber wir haben es nicht anders kennengelernt.

Wir wuchsen mit Wut, negativen Urteilen und Intoleranz gegenüber anderen auf, da die, die uns erzogen, so erzogen worden waren, dass sie glaubten, es sei nötig, Gehorsam einzufordern und dass ihre Bedürfnisse nur auf Kosten der Bedürfnisse ihrer Kinder erfüllt werden könnten. Gottseidank lernen wir gerade, wo der Haken bei dieser Denkweise ist und können es nun besser machen!

Mir ist bewusst, dass es immer Leute geben wird, die sich für die Werte des Mainstreams entscheiden, aber ich möchte Ihnen hier eine Alternative, einen ganzheitlichen und zukunftsträchtigen Ansatz vorstellen, in dem das Elterndasein ganz anders als üblich aufgefasst wird. Dieser Ansatz impliziert respektvolles Miteinander, volle Präsenz, Vorleben und Leben auf eine Weise im Umgang mit anderen, von der wir wissen, dass unsere Kinder in sie hineinwachsen werden. Der Ansatz knüpft ausnahmslos an der Vorstellung an, dass **Kinder übernehmen, was sie (er-)leben.**

KAPITEL 3

Werte im Unschooling

Damals handeltest du auf der Grundlage deines Wissens.
Als du es besser wusstest, handeltest du auch danach.

Maya Angelou[1]

Das Wertesystem

Mein Weg zum Radical Unschooling begann mit der natürlichen Geburt und der Zeit des Bonding[2], in der sich eine enge Bindung zu meinen Kindern entwickelte. Die Bindung im Sinne des Attachment Parenting hat damit zu tun, dass wir unseren Kindern vertrauen und uns der Erfüllung ihrer Bedürfnisse widmen. Vertrauen ist in der Tat die Grundlage für das Unschooling.

- Ich vertraue darauf, dass mein Baby meine Nähe benötigt, wenn es schreit.
- Ich vertraue darauf, dass es richtig ist, mein Baby an meiner Seite – bei uns im Bett – zu haben, wenn es in der Nacht meine Nähe braucht.
- Ich vertraue darauf, dass mein Kind es mich wissen lassen wird, wenn es Hunger hat, und ich werde es so oft füttern bzw. stillen, wie es das benötigt.

---

1 Anm. d. Ü.: US-amerik. Schriftstellerin, Professorin, Menschenrechtlerin und führende Persönlichkeit der Emanzipationsbewegung der Afroamerikaner (geb. 1928)
2 Anm. d. Ü.: Der Aufbau einer engen, liebevollen Beziehung zwischen Mutter bzw. Vater und Kind

Ich beanspruche für mich nicht, die Wünsche und Bedürfnisse meiner Kinder besser als sie selbst zu kennen.
Konventionelle Erziehung suggeriert, dass Kinder ihre Eltern manipulieren. Diese Vorstellung bzw. Überzeugung schafft viel Misstrauen in der Eltern-Kind-Beziehung. Ich habe meine Kinder nie auf diese Weise betrachtet. Unser Zusammenleben ist seit jeher von Vertrauen geprägt. Sobald man seine instinktive Weisheit hinzuschaltet und die Stimmen zum Schweigen bringt, die es besser als das intuitive Selbst wissen wollen, wird es leichter und es macht mehr Freude, sich mit seinen Kindern zu verbinden.

Wir kümmern uns nicht um das »Benehmen« unserer Kinder. Unser Augenmerk liegt auf den Bedürfnissen, die ihrem Verhalten zugrunde liegen. Das bedeutet eine Abkehr von der Verhaltenslenkung, um die es in der konventionellen Erziehung geht. Während konventionelle Erziehung lediglich Verhalten unter die Lupe nimmt, richtet man im Verbindungskonzept den Blick dorthin, wo er hingehört – auf das unerfüllte Bedürfnis. Selbstverständlich ist es so, dass ich meinen Kindern Jahre der Erfahrung voraus habe, um mein Schreien, Schlagen und physische Formen der Frustration unter Kontrolle zu halten, während meine Kinder diese Impulse noch nicht kontrollieren können. Schlagen ist eine Form kleinkindlicher Kommunikation. Ich weiß, dass Kleinkinder entsprechend ihres Horizonts ihr Möglichstes tun. Ich unterstelle immer positive Beweggründe statt negative; letzteres entspricht der gesellschaftlich verbreiteten negativen Einschätzung von Kindern.

Was steht tatsächlich hinter einem Verhalten wie bei Zwei- und Dreijährigen, die mit Gegenständen werfen? Steht dahinter ein echtes Bedürfnis? Oder spielen sie lediglich? Wie kann man als Elternteil dem Bedürfnis in einer freundlichen und liebevollen Art und Weise begegnen?

Der konventionelle Erziehungsblick würde sich auf das Verhalten konzentrieren und formulieren: »Lass das, das macht man nicht. Wenn du das nochmal machst, kommst du auf den Stillen Stuhl oder ich nehme dir das Spielzeug weg.« Im Konzept des Unschooling würde man fragen: »Aha, dieses Kind hat das Bedürfnis, mit Gegenständen zu werfen – wie könnten wir dieses Bedürfnis erfüllen?« Ich könnte sagen: »Ok, Liebes, hier hast du einen weichen Ball oder ein Kuscheltier.« Oder: »Lass uns hinausgehen und draußen werfen, wo nichts kaputtgehen kann.« Ich würde einen Weg finden, dieses grundlegend biologische Bedürfnis zu erfüllen, mit Gegenständen zu werfen, statt die Bemühung darauf zu lenken, wie das gewünschte Verhalten anerzogen bzw. das unerwünschte Verhalten bestraft werden kann. Hand aufs Herz: Welche Herangehensweise fühlt sich für Sie besser an? Welche von beiden fühlt sich leichter, zugewandter an und welche verbindungslos und schmerzlich?

Der Schritt vom einen zum anderen bedeutet für die meisten Eltern einen kompletten Paradigmenwechsel. Es kann sehr erstaunen und beflügeln, wenn uns zum ersten Mal bewusst wird, dass in der konventionellen Erziehung die Bedürfnisse der Eltern im Zentrum stehen und nicht die des Kindes. Wird das erst einmal deutlich, weitet sich der Horizont und wir beginnen, die Möglichkeiten zu erahnen, wie eine tiefere, respektvollere Beziehung zu unseren Kindern aussehen kann. Wir fangen an, sie als ebenbürtige Menschen zu sehen und erkennen, dass Strafmaßnahmen nicht sehr freundlich und erst recht nicht konstruktiv sind. Womöglich weinen wir über diese Erkenntnis und spüren Schmerz und Schuldgefühle. Das ist ganz normal. Wir können diese Gefühle bald verarbeiten und ein gänzlich neues Kapitel des Zusammenlebens zwischen Eltern und Kindern aufschlagen. Bald durchströmt Dankbarkeit unser Herz und wir begeben uns Hand in Hand mit unseren Kindern, voller Vertrauen, auf diesen neuen Weg.

Unschooling-Moment

Devin teilte mir vergangene Woche mit, dass er Turnunterricht nehmen möchte. Daraufhin erkundigte ich mich, fand einen Kurs und meldete ihn an. Gestern war die erste Stunde. Er war sehr aufgeregt. Als wir dort ankamen, ging er schnurstracks zur Übungsleiterin, streckte seine Hand zur Begrüßung aus und sagte: »Hallo, ich heiße Devin Martin.« Die Übungsleiterin war sehr erstaunt. Sie stellte sich ebenfalls vor und Devin sagte: »Freut mich, Sie kennenzulernen.« Ich lächelte in mich hinein, als ich sah, wie beeindruckt sie von seiner Selbstsicherheit in einer für ihn neuen Situation war.

Der Kurs begann mit Dehnungsübungen, es folgten Vorwärts-, Rückwärtsrollen und Handstand, und schließlich Übungen auf dem Schwebebalken. Es sah beeindruckend und nach viel Spaß aus. Als wir zum Auto zurückgingen, fragte ich »Na, wie fandst du die erste Stunde, Liebes?« Er antwortete: »Ich fand's total blöde! Es war total lahm und langweilig und überhaupt nicht das, was ich erwartet habe.«

Die Schönheit, die in einem respektvollen und durch Verbindung geprägten Zusammenleben mit unseren Kindern liegt, bedeutet gleichzeitig, in einer Welt ohne Bewertungen zu leben. Es war in Ordnung für mich, dass er nicht nochmal hingehen mochte. Wir leben schließlich nicht gemäß der Ansprüche, die andere setzen und brauchen demnach nicht ›beenden, was wir einmal begonnen‹ haben. Davon abgesehen beenden wir tatsächlich, was wir einmal angefangen haben, aber gemäß unserer eigenen Maßstäbe. Wir sind mit einer Sache fertig, wenn wir es entscheiden – punktum.

Ich habe schon oft davon gehört, dass Eltern darauf bestehen, dass ihre Kinder Kurse besuchen, in die sie nicht gerne gehen, weil sie Geld dafür ausgegeben haben, obwohl es normalerweise Wege und Möglichkeiten gibt, das Geld erstattet zu bekommen oder in einen anderen Kurs zu wechseln. Geld wäre für mich niemals ein Grund dafür, mein Kind dazu anzuhalten, einen Kurs weiter zu besuchen, den es nicht gern besucht. Das Befinden meiner Kinder ist mir wichtiger als Geld.

Für mich war das ein bedeutender Umstand! Devin hatte etwas Neues ausprobiert und hat dadurch erfahren, dass er es nicht nochmal tun wollte. Aber noch besser war, dass Devin auf dem Weg zum Turnen eine riesige Kletterwand gesehen und geäußert hatte: »Das will ich machen!« Wir hätten niemals von dieser neuen Begeisterung erfahren, wenn er nicht zum Turnen gegangen wäre.

Aus meiner Sicht geht es in unserem Leben darum, den Kindern ein großes ›Büffet‹ der Möglichkeiten und Aktivitäten zum Lernen anzubieten. Sie greifen mit Freude dort zu, wo sie sich durch etwas angesprochen fühlen. Es gibt keinerlei Nachteile, wenn Kurse nicht mehr besucht oder Projekte eingestellt werden. Im Leben besteht reine, authentische Freiheit ohne Schuld, Zwang oder Scham – authentische Wahlfreiheit, ohne Vorbedingungen.

Als Devin und ich uns gestern noch im Bett unterhielten, fragte ich ihn, ob er es bereut, zum Turnen gegangen zu sein. Er antwortete: »Nein. Es war zwar langweilig, aber ich habe gelernt, wie man einen Handstand und eine Rückwärtsrolle macht. Ich habe gelernt, was ich wollte, aber jetzt will ich Klettern lernen!«

Schon sind wir im nächsten Abenteuer angelangt und es fühlt sich für uns alle gut an! Das Leben besteht aus dem, was du daraus machst und was du dir jeweils vornimmst. Wir haben uns dafür entschieden, in allem, was wir tun, Freude, Glück, Verständnis und Verbundenheit zu generieren, und ich bin sehr dankbar dafür!

Fernsehen

Ich wurde einmal gefragt, ob ich mein Kleinkind fernsehen lassen würde, wo doch die Amerikanische Pädiatrievereinigung das Fernsehen für Kinder unter zwei Jahren explizit nicht empfiehlt. Meine Antwort auf diese Frage bezog sich auf die Tatsache, dass ein großer Unterschied darin besteht, ob der Fernseher als Babysitter dient oder ob ein Elternteil Lieblingssendungen der Kinder gemeinsam mit ihnen sieht. Die Zeit bewusst mit Kindern zu verbringen, über Sendungen zu sprechen, sich beim Fernsehen aneinanderzukuscheln ist lediglich eine zusätzliche Möglichkeit, Verbindung zueinander aufzunehmen, wie es beim Vorlesen geschieht, wenn man sich auf das Interesse des Kindes einlässt.

Der gesamte Vorgang des gemeinsamen Fernsehens verändert sich, wenn es einen konkreten Hintergrund dafür gibt. Meine Tochter Dakota zum Beispiel liebt *Hannah Montana*[3]. Ich würdige ihre Leidenschaft, indem ich dieses Interesse in jeder Hinsicht als Partnerin begleite. Ich notiere im Kalender, wann die Sendung läuft. Wir sehen alle Sendungen gemeinsam an, lachen und genießen die von ihr initiierte Aktivität. Erst kürzlich haben wir ihr das Hannah-Montana-Spiel für die Konsole und ein Poster für ihr Zimmer gekauft. Sie dankte uns dafür und ist sich gewiss, dass wir ihr immer helfen werden, ihre wie auch immer gearteten Interessen zu nähren.

Mir gefällt *Food Network*[4]. Ich schätze das Lernen durch Fernsehen bewusst ebenso wie das Lernen durch Bücher. Lernen ist Lernen, unabhängig davon, welches Medium wir dafür nutzen. **Ich beurteile das, was meine Kinder lernen, nicht**

---

3 Anm. d. Ü.: Eine von Disney produzierte Sitcom über das Doppelleben einer Jugendlichen als Sängerin. Seit 2007 in Deutschland auf Super RTL, seit 2008 in Österreich, Schweiz und Südtirol auf ORF1.

4 Anm. d. Ü.: US-amerikanischer Fernsehsender mit Sendungen zu Themen rund um Kochen, Ernährung und Bewirtung

danach, ob es wertvoll ist oder ob sie es durch ein Buch, das Fernsehen oder ein Videospiel lernen.

Devin mag die Sendung *Man vs. Wild*. Er hat durch diese Sendung sehr viel über das Überleben in der Wildnis gelernt. Es hat sein Interesse geweckt, noch mehr über dieses Thema zu erfahren. Hätte ich meinem Sohn lediglich erlaubt, durch Bücher zu lernen, hätte er möglicherweise nie Zugang zu diesem Thema gefunden.

Wenn Eltern etwas innerlich ablehnen, wie beispielsweise, dass ihr Kind fernsieht, entsteht daraus ein Machtkampf zwischen Eltern und Kind. Das Kind wird versuchen, seinen Einfluss zurückzugewinnen, indem es mehr fernsieht oder nach mehr Fernsehen verlangt, weil es befürchtet, dass ihm diese Möglichkeit ganz genommen wird. Es wird schnell lernen, seinen Eltern nicht zu vertrauen und es dauert nicht lange, da geht es nicht mehr nur um die Sendung, oder was auch immer die Kinder gerade möchten. Der Konflikt verändert sich von einem Wunsch hin zu einem Kampf um Selbstbestimmung, zu einem Kampf um den freien Willen. Der Machtkampf verzerrt die Situation so sehr, dass das Kind die Verbindung zu seinen wahren Wünschen verliert. Die so entstandene – verzerrte – Begierde und das dazugehörige Verhalten löst eine unnatürliche Übersteigerung des eigentlichen Wunsches aus, egal ob dieser nun Nahrungsmittel, Fernsehen oder Videospiele betrifft. **Verabschiedet man sich von diesem Machtkampf und nimmt stattdessen die Rolle eines Verbündeten ein, wird ein Kind sein Bedürfnis in respektvoller, natürlicher und ausgewogener Weise erfüllt bekommen.**

Die Welt ist ein freudvoller Ort

Es war ein großer Schritt, mein eigenes Alltagsprogramm und meine Ängste als junge Mutter der Freude und Begeisterung meines Kindes unterzuordnen. In einer bekannten Zeitschrift für Mütter las ich einmal, – übrigens eine gesellschaftliche Uralt-Sorge – dass ich mein Kind vor den Übeln der Medien beschützen müsse. Die Fortführung der Botschaft stellte mein Kind als Opfer der bösen Werbung dar, die um seine Aufmerksamkeit buhlt. Das entspricht nicht der Sichtweise auf die Welt, wie ich sie mit meinem Sohn teilen möchte. Unsere Welt ist kein böser Ort, wo nach seiner kindlichen Unschuld getrachtet wird. Die Welt ist ein Ort voller Schönheit, Liebe und Fülle. **Ich möchte, dass meine Kinder erfahren, in welch einer unglaublich schönen Welt sie leben und ihnen nicht eine böse, gefährliche Welt suggerieren, in der man auf jeden seiner Schritte achten muss.**

Im Umgang mit Kindern gibt es zwei grundlegende Lebensgefühle. Das eine ist Liebe, das andere Angst bzw. Sorge. Wenn ich der Sorge verfalle, erscheint das Leben furchterregend. Elternsein scheint dramatisch zu sein. Gehe ich jedoch wählerischer mit meinen Gedanken um, indem ich mein Leben mit Dingen bereichere, die meine Überzeugung unterstützen, dass wir in einer wunderbaren Welt leben, die für uns eine Fülle von Dingen bereithält, fühlt es sich besser, leichter – einfach freudig an, Vater bzw. Mutter zu sein. Ich tausche eine angstzentrierte Mentalität gegen eine vertrauensvolle, aufgeschlossene Denkart ein.

Wenn sich die Welt als gut oder böse begreifen lässt – und es gibt von beidem genug – warum sollte man sich auf die negativen, schlechten Dinge darin konzentrieren? Was lernen unsere Kinder daraus jeweils für das Leben? Was fühlt sich besser an: seinem Kind Liebe oder Angst zu vermitteln? Das ist eine sehr persönliche Entscheidung. Man kann sich auch fragen: Wie ist es mir möglich, in Dankbarkeit und Freude zu leben für die Welt, in der wir leben?

Wir hatten auf verschiedenen Konferenzen spannende Gespräche mit anderen Eltern rund um die Ängste bezüglich des Medieneinflusses auf Kinder. Ich glaube, dass Kinder menschliche Wesen sind wie wir Erwachsenen. Mein Lebenspartner mag Horrorfilme. Ich befürchte nicht, dass er ein Kettensägenmassaker veranstalten wird, nur weil er einen Film gesehen hat, in dem Gewalt vorkommt.

Ich sehe es so, dass es eine triebhafte menschliche Neugier gibt, etwas über Gewalt, Kampf und Sex zu erfahren und diese Dinge zu sehen. Es ist normal, auf der Autobahn langsamer zu fahren, um sich Autounfälle genauer anzusehen. Das bedeutet jedoch kaum, dass wir einen Unfall verursachen, weil er uns fasziniert. Wir erfüllen lediglich ein Bedürfnis, das weder als unberechtigt noch als negativ zu sehen ist. Dieses Verhalten ist ein Teil von uns. Wir sind neugierige Wesen. **Ich möchte meinen Kindern lieber zur Seite stehen und ihnen die Dinge erklären, als ihnen ihre Neugier zu verbieten.**

Stellen Sie Ihre Glaubenssätze zu Erziehung in Frage und Sie finden heraus, dass viele nicht wahr sind. Zapfen Sie Ihre instinktive Weisheit an, während die Kinder auf natürliche Weise die ihre anzapfen. Verbiegen Sie nicht das innere Wissen Ihrer Kinder, indem Sie Ihr eigenes ignorieren.

Gemessen an seinem gegenwärtigen Wissen
gibt jeder von uns jeweils sein Bestes.

Unser Beitrag für die Welt

Es gab Zeiten vor ungefähr zehn Jahren, als ich Nestlé boykottierte. Ich war so wütend über das, was Nestlé mit seinem Marketing für Säuglingsnahrung in Ländern der Dritten Welt anrichtete. Ich nahm den Boykott sehr ernst und hielt sehr an meinem Frust und Ärger über die Firmenpolitik fest. Ich warnte andere, versandte verärgerte Protestmails und forderte damit jeden dazu auf, sich meinem Kampf anzuschließen. Eines Tages holte mich eine tiefe Erkenntnis ein.

Mir wurde bewusst, dass ich keinen Beitrag für den Frieden in der Welt leiste, indem ich an diesen starken negativen Gefühlen festhalte. Meine Kinder wurden dadurch beeinträchtigt. Ich trug durch meine Gedanken, wuterfüllten Handlungen und Gefühle zur Negativität der Welt bei.

Ich änderte daraufhin meine Gedanken und Handlungen, um mich darauf zu konzentrieren, was in der Welt gut läuft. Ich gelobte: Ich werde mich mehr darauf konzentrieren, das Bewusstsein für das Stillen zu erhöhen und Frauen mit Stillproblemen zu unterstützen, statt mich gegen künstliche Säuglingsnahrung oder gegen was auch immer diesbezüglich aufzulehnen. Dieser Vorsatz hat mein Denken radikal verändert und beflügelte mich, alle Anti-Haltungen loszulassen, die ich je eingenommen hatte. Davon profitiere seitdem nicht nur ich selbst, sondern jeder, mit dem ich zu tun habe.

Mutter Teresa sagte einst:
»Wenn Sie eine Anti-Kriegs-Demonstration abhalten, laden Sie mich bitte nicht ein, aber zu einer Friedensdemonstration komme ich gerne.«

Diese Aussage hat einen tieferen Sinn. Wenn Sie gegen etwas sind, messen Sie diesem Etwas eine Bedeutung zu und es nimmt einen größeren Raum in Ihrem Bewusstsein ein. Die aufgewendete Energie vergrößert das Objekt Ihrer Aufmerksamkeit und zwar unabhängig davon, ob Sie dafür oder dagegen sind.

Einen Beitrag zum Frieden zu leisten und zu all dem, was ich glaube und wofür ich stehe, statt mich daran zu stoßen, woran ich nicht glaube bzw. was ich nicht schätze, hat u.a.

schließlich dazu geführt, dass ich in meinem Leben glücklich bin. Ich habe aufgehört, andere für deren Entscheidungen zu beurteilen, wenn sie meinen eigenen nicht entsprechen. Ich weiß, dass alle gemäß ihrem Wissensstand und ihrer Persönlichkeit jeweils das Beste für sich tun.

An oberster Stelle steht die Verbindung zu unseren Kindern und unsere Begegnung mit ihnen dort, wo sie stehen.

Unsere Kinder lernen, wie man sich in der Welt gibt, indem sie beobachten, wie wir leben. Ich möchte gerne, dass meine Kinder sich in ihrer Welt sicher fühlen und dass sie wissen, dass sie ihre Träume voller Zuversicht verwirklichen können. Ich glaube nicht daran, dass wir alle in einer großen, schlechten Welt leben, die nur darauf wartet, mich und meine Kinder zu schikanieren. Ich glaube an das Gute im Anderen und an alles, was in der Welt gut funktioniert. Ich bin davon überzeugt, dass meine Gedanken sich in meine Realität verwandeln und dass meine Art, die Welt zu sehen, für meine Kinder und mich der Schlüsselfaktor für ein glückliches Leben in Ganzheit darstellt. Wenn Sie selbst das Leben und Lernen auf leidenschaftliche, freudige Weise angehen, lernen Kinder friedlich und vertrauensvoll zu sein. Die Tür zur Welt steht ihnen offen, und sie sehen die unendliche Vielfalt der Möglichkeiten und Alternativen um sich herum. Sie erleben die Schönheit in sich selbst und in anderen.

KAPITEL 4

Die Leidenschaften des Kindes nähren

Alles, was du brauchst, ist Leidenschaft.
Wenn du dich für etwas begeisterst, erschaffst du dir dein Talent.

Yanni[1]

Ein Junge mag vielleicht Ninjas oder andere Kampffiguren. Vielleicht kleidet sich ein Mädchen in Schwarz, färbt sich die Haare rot und singt Heavy-Metal-Lieder. Warum machen sich die Eltern im einen Fall Sorgen und unterstützen im anderen Fall die Wahl ihres Kindes?

Kinder bewerten ihre Interessen nicht als schlecht oder düster, sondern stehen zu sich selbst. Ich spreche aus eigener Erfahrung, da ich schon mit 13 Jahren Heavy-Metal-Musik mochte. Ich hörte gerne Bands wie Metallica und Obituary. Ich mochte alles, was einen starken, schnellen und festen Rhythmus hat. Ich habe Gitarre gespielt und habe fast meine ganze Freizeit mit Freunden verbracht, die als Heavy-Metal-Band zusammen spielten.

Es war eine unglaubliche Begeisterung für etwas da, was von anderen Leuten als verdorben und bösartig beurteilt wurde. Mir war diese Zuschreibung fremd, aber die Fremdeinschätzung hat mich verändert. Ich mochte mich plötzlich nicht mehr, denn wie hätte ich etwas mögen können, von

---

1 Anm. d. Ü.: Griechischer Komponist, Pianist und Keyboarder, alias Giannis Chrysomalis (geb. 1954)

dem andere schlecht dachten? Indem ich ehrlich im Umgang mit mir selbst war, hatte ich die Verbindung zu den Menschen verloren, die mir wichtig waren und denen ich auch etwas bedeutete. Ich hatte die Gewissheit verloren, dass ich ein guter Mensch bin. Die Angst der anderen hatte mein Selbst verzerrt.

Unsere Kinder begeistern sich für Dinge und sind wissbegierig. Sie können unsere Interessen teilen oder auch nicht. Klassische Musik bringt mich zum Weinen. Sie stimmt mich depressiv. Aus demselben Grund kann ich auch keine langsame Countrymusik hören – es ist mir einfach unmöglich. Heavy Metal und Hip Hop ist für mich fröhliche Musik, weil sie mich energetisch anspricht. Das war schon immer so.

Devin liebt lateinamerikanische Musik. Es ist mir wichtig, meine Kinder an alle möglichen Arten von Musik heranzuführen, auch wenn ich einige davon nicht mag. Ich möchte gern, dass sie die Freiheit haben, aus dem weltweiten Angebot an musikalischem Ausdruck zu wählen. Lateinamerikanische Musik sprach meinen Sohn von allem, was er in den letzten Jahren gehört hatte, am meisten an. Seitdem hat sich sein Musikgeschmack weiterentwickelt. Er mag lateinamerikanische Musik immer noch, und sie war der Türöffner für sein derzeitiges Interesse für lateinamerikanische Geschichte und für die Küche dieses Kontinents. Jedes Interesse ist von Wert, auch wenn sich die Bedeutung einem zunächst nicht erschließt. Häufig entpuppen sich kleine Interessenbrocken als bedeutendes Sprungbrett in eine ganz neue Welt bzw. Erfahrung.

Das Unschooling bietet die Möglichkeit wertzuschätzen, wo jeder von uns jeweils im Leben steht, ohne es zu bewerten.

Um die Interessen unserer Kinder gebührend zu würdigen, können wir Eltern zwei Dinge tun:

1. Wir können unsere eigenen Interessen zelebrieren und unsere Kinder damit an der Tatsache teilhaben lassen, dass das Lernen nie aufhört. Lassen Sie Ihre Neugier und Ihr Interesse für die Welt wieder aufleben. Gehen Sie auf Forschungstour – um Ihrer eigenen Lernfreude willen.
2. Wir können jede unserer früheren Assoziationen durchgehen, die uns dazu verleiten, unsere Ängste auf unsere Kinder zu projizieren.

Häufig sehen wir Dinge, für die unser Gehirn umgehend die Verbindung zu einem Bild oder Gefühl aus der Vergangenheit herstellt. Die Fernsehberichterstattung über Amokläufe in Schulen könnte solch ein Reaktionssetting darstellen. Ein Gewehr zu sehen könnte bereits ein negatives Gefühl hervorrufen. Oder Gewalt in Videospielen kann uns beispielsweise an Bandenschießereien in den Medien erinnern.

Deshalb ist es wichtig, den Zusammenhang zwischen Reiz und Reaktion zu erkennen, die Reaktion als solche einzusortieren und uns selbst zu fragen: Warum empfinde ich so? Auf meiner Reise durch das Unschoolingleben habe ich als Mutter Antworten auf folgende Fragen gesucht: Warum fühle ich mich unwohl bei manchen Dingen, die meine Kinder interessieren? Liegt das an meiner eigenen Erziehung? Hat es damit zu tun, dass es mich an Ereignisse aus der Vergangenheit erinnert?

Kein Elternteil handelt aufgrund von bösen Absichten; unsere Reaktionen als Eltern gründen auf rein guter Absicht.

Um die Interessen unserer Kinder zu nähren und zu unterstützen, gibt es im Konzept des Radical Unschooling einige Prinzipien, die vielleicht hilfreich sind:

- Erstens wollen wir die Bedürfnisse unserer Kinder genauso wertschätzen wie unsere eigenen;
- zweitens können wir uns bemühen, absolut präsent für un-

sere Kinder zu sein und die Mentalität der Sorge um die Zukunft hinter uns lassen, auf der traditionelle Erziehung häufig beruht;

- drittens wollen wir, dass unser Familienleben von Respekt und Liebenswürdigkeit geprägt ist, da wir wissen, dass Kinder umsetzen, was sie erleben. Das gesamte Erziehungspaket der Vergangenheit à la ›Tu was ich dir sage, nicht etwa, was ich tue‹ zeitigte desaströse Folgen sowohl für die Eltern-Kind-Beziehung und das Selbstwertgefühl der Kinder als auch für die Gesellschaft als Ganzes.

Unschooling-Moment

Es gibt sie inzwischen in vielen Varianten: die Möglichkeit, in unserem Leben alte Denkmuster zu verlassen. Einmal von einem alten Denkmuster befreit, weitet sich die Offenheit in unserem Denken immer schneller aus, bis sie jeden Winkel unseres Lebens erfasst hat. Wir fangen an, alles zu hinterfragen und öfter ›Warum nicht?‹ zu denken. Ein neuer Lebensweg öffnet sich, der Kreativität, Träume, Phantasie zulässt. Wir sehen die Dinge in einem anderen Licht.

Wir mögen es in unserer Familie, uns neue Spiele auszudenken. Wir lieben es auch, Ideen auszuhecken und die Regeln für Spiele wie *Candy Land*[2], Bowling, Minigolf etc. abzuändern, so dass sie – je nach Lust und Laune – entweder eher die Gemeinschaft oder eher den Wettbewerb fördern.

Einmal fragten mich die Kinder, wieso ›Himmel und Hölle‹ nur eine Konfiguration von Feldern hat. Dakota schlug vor, die Felder im Kreis oder spiralförmig anzulegen. Welch verblüffende Idee! Devin half mir beim Entwerfen eines neuen Spielfelds.

---

2 Anm. d. Ü.: zu dt.: Naschland; bekanntes US-amerikanisches Brettspiel für Vorschulkinder, in dem bis zu vier Spieler durch Ziehen von Farbkarten bis zum Ziel im ›Naschland‹ vorrücken, in Deutschland von 2005 bis 2006 auch unter dem Namen Candyland von MB Spiele vermarktet.

Unsere Kinder können so viel aus einem reichhaltigen, friedlichen, von ihren Interessen gelenkten Leben lernen. Eines Morgens standen wir auf und hatten vorerst keine Pläne für den Tag. (Das liebe ich an unserem Leben – wir gestalten es, indem wir etwas tun; wir haben selten Termine oder Pläne, die wir nicht ändern können.) Wir rufen oft Freunde an, die sich unseren Abenteuern anschließen. Gemeinsam haben wir so viel Freude, und lassen uns dabei meistens ganz vom Augenblick leiten. Es ist wirklich ein glückliches Leben.

An diesem Morgen sagte Dakota, dass sie einen Limonadenstand haben wolle. Das fand ich eine tolle Idee! Wir hatten vorher so etwas noch nie gemacht und die Kinder waren ganz aufgeregt. Wir hatten alle Zutaten für Zitronenlimonade und brauchten lediglich noch einen Krug und Becher. Wir gingen zu einem Lebensmittelgeschäft und besorgten, was uns noch fehlte.

Wir schrieben Schilder, die Joe im Boden verankerte. Ich breitete in der Nähe eine Decke aus, setzte mich mit Orion darauf und las ihm vor, während die Kinder auf ihren ersten Kunden warteten. Während wir alles aufbauten, überlegten die Kinder und ich, wie man die Leute begrüßen könne, wie man die Limonade anbieten solle, wo man Wechselgeld herbekommt und was man eben so für Kleinigkeiten zum Aufziehen eines ›Geschäfts‹ braucht.

Der erste Kunde blieb stehen und die Kinder sprangen von ihren Stühlen. Devin begrüßte ihn mit »Wie geht es Ihnen heute?« und Dakota endete mit »Möchten Sie eine Scheibe Zitrone in Ihre Limonade?« Die Autos hielten im Minutentakt. Wer kann schon drei süßen Kindern hinter einem Limonadenstand widerstehen, die einem beim Vorbeifahren zuwinken?

Das hat mich total umgehauen. Ich bin immer noch voller Bewunderung für die Art, wie sie die ganze Sache geregelt haben. Ich wusste nicht, was ich erwarten konnte, aber sie waren so überzeugt, zuversichtlich und so freundlich zu allen!

Sie hatten in weniger als drei Stunden 23 US-Dollar eingenommen. Fast alle Kunden baten die Kinder, das Restgeld zu behalten bzw. gaben großzügiges Trinkgeld für den tollen Service! Es war einer dieser Tage, an denen ich wieder einmal feststellte, wie unglaublich dieses Unschoolingleben eigentlich ist. Ich habe einen kleinen Blick darauf werfen können, was sie alles darüber wussten, wie man ein Geschäft führt. Es war bemerkenswert zu sehen, was sie durch Zusehen und Zuhören offenbar anhand dessen aufgesaugt haben, wie wir unsere eigenen Geschäfte von zu Hause aus führen.

Den Kindern beim Lernen zu vertrauen, klappt tatsächlich. Man braucht niemals ein Kind zum Lernen zu zwingen – das muss man wirklich nicht. Kinder können nicht anders als lernen, wenn sie ein vielfältiges, reichhaltiges, spannendes Leben zusammen mit ihren engagierten Eltern umgibt.

Ich bin überzeugt: Die kleinen Martins haben an diesem Tag so viel Neues gelernt – und das tun sie an jedem anderen Tag auch! Ich kann nicht umhin, es klar und deutlich zu sehen, an diesem so besonderen Tag sprang es einfach ins Auge. Für mich war es eine Erfahrung, die mich eine Sprosse weiter auf der Leiter des Vertrauens brachte und die Überzeugung in mir festigte, wie gut ein respektvolles, freies Leben selbst als Vorbereitung für die Zukunft taugt, auch wenn wir dem sonst keine Aufmerksamkeit beimessen. Wir konzentrieren uns meistens darauf, im Augenblick zu leben.

Die Kinder sprachen ihre Rollen ab, während sie auf Kunden warteten. Devin kümmerte sich um die Kasse, während Dakota die Kunden bediente. Es hat mir Spaß gemacht, ihnen zu erläutern, wie man Kunden freundlich und möglichst hygienisch bedient. Die Kinder erlebten sich selbst als überzeugend, kompetent und vernunftbegabt. Sie sind so sehr an einem einfachen Limonadenstand gewachsen! Sie haben etwas über Unternehmenskunst gelernt und es fühlte sich prima an, ihnen dabei zur Seite zu stehen!

Die Limonade für den nächsten Tag stand bereits im Kühlschrank. Die Kinder konnten den zweiten Tag ihres eigenen gutgehenden kleinen Geschäfts kaum erwarten!

Es sollte ein guter Tag werden – wie immer.

Richte dein Augenmerk auf das Positive

Wir müssen vorher unsere Aufmerksamkeit auf eine Sache gelenkt haben, um diese zu sehen und anzuziehen. Ich habe mich dafür entschieden, die Freude, die Wunder, die Schönheit und den Frieden in dieser Welt zu sehen, auch wenn die Welt mindestens zur Hälfte aus schlimmen, hässlichen Dingen besteht. Wir können uns auch entscheiden, uns darauf zu konzentrieren und uns in eine tiefe, dunkle, furchtbare Welt hineinziehen zu lassen und darin zu ertrinken. Wir können aber auch wieder aus diesen Tiefen auftauchen und uns entscheiden, all das Wunderbare zu sehen. Wir haben immer die Wahl.

Kinder erfahren ihre Interessen als Erweiterung ihrer selbst. Wenn wir eine negative Einstellung bezüglich ihrer Interessen hegen, die impliziert: ›Diese Sache ist schlecht‹, ›diese Sache ist gewalttätig‹, übersetzt ihr Gehirn unsere Haltung dazu folgendermaßen: ›Etwas stimmt nicht mit mir, wenn ich etwas mag, das Mama für schlecht hält. Ich bin nicht richtig.‹

Kinder verinnerlichen die Gefühle und Meinungen, die wir ihnen gegenüber hegen.

Mit einem ordentlichen Grundstock an Vertrauen und Verbindung werden die Kinder sich in dem, was sie tun, selbst übertreffen. Dann spüren sie eine sichere Bindung, was die gesunde, natürliche Daseinsart für uns Menschen darstellt. Wenn ein Kind eine sichere Bindung fühlt, kann es sicher sein, physisch, geistig und seelisch über uns zu verfügen, dass wir also ganz für es da sind. Es gibt nichts Wichtigeres als die sichere Bindung und eine feste Basis für Liebe und Vertrauen zwischen Eltern und Kind. Zu glauben, dass Auswendiglernen von buchstabierten Wörtern sei eine bessere Vorbereitung für die Zukunft des Kindes als eine starke Familien-Vertrauens-Bindung, ist schierer Nonsens.

Neunzig Prozent der Kinder weltweit heutzutage fühlen: »Ich fühle mich nicht sicher gebunden. Mir fehlt etwas!«

Kindliche Bedürfnisse erfüllen

Das Radical Unschooling zu leben bedeutet, bei aufkommenden Konflikten und aufeinander prallenden Bedürfnissen, Bedingungen zu finden, in denen beide Seiten Vorteile für sich sehen. Unser Ziel sind Gespräche und eine klare Kommunikation zwischen allen Beteiligten in der Familie mit ihren jeweiligen Bedürfnissen.

Machtkämpfe gibt es bei uns nicht, da die Bedürfnisse von allen gleichermaßen viel Wert haben, auch die meines einjährigen Sohnes. Orions Bedürfnisse und die Bedürfnisse jedes anderen in der Familie werden gleichsam erfüllt. Meine Kinder erwarten das, da sie das seit ihrer Geburt so kennen. Wenn Orion weint, wird einer ihn hochnehmen. Wenn Ivy, meine Vierjährige, am Computer spielen möchte, während die anderen es tun, tun sie sich zusammen und tüfteln eine Lösung aus. An einem Abend neulich erst hörte ich, wie Devin Dakota vorschlug, dass er erst eine Stunde spielen könne und sie anschließend an der Reihe sei. Er fragte, ob sie einverstanden sei und sie antwortete: »Nein. Wie wär's mit einer halben Stunde?« Darauf einigten sie sich dann. Sie wissen, dass ein Konsens, aus dem beide ihren Nutzen ziehen, Teil eines friedlichen, glücklichen Zusammenlebens ist. Das gehört zu ihrem Standard des Umgangs miteinander.

Das von Medien, in Büchern und über Fernsehformate wie *Nanny 911* verbreitete traditionelle autoritäre Erziehungsparadigma, in dem einzig die elterlichen Bedürfnisse berücksichtigt werden, entspricht unserer gesellschaftlichen Norm. Leute, die aus dieser Richtung zum Unschooling kommen, denken wohl, das Pendel muss ganz in die entgegengesetzte Richtung ausschlagen, und sie sollen sich von nun an nur noch der Erfüllung der kindlichen Bedürfnisse widmen. Dem ist keinesfalls so! Eltern haben ebenfalls Bedürfnisse. Ich habe im Ergebnis dieser Überzeugung schon Eltern sagen hören: »Unschooling hat in unserer Familie nicht geklappt.«

Was die meisten Eltern kennen, ist Machtausübung per Kontrolle, und weniger die Möglichkeit, alle in der Familie bestehenden Bedürfnisse miteinander abzustimmen und als gleichrangig anzuerkennen. Diese Eltern neigen dann dazu, ihre eigenen Bedürfnisse aufzugeben und rennen stattdessen ausschließlich den Forderungen ihrer Kinder hinterher. Darum geht es gerade nicht im Radical Unschooling!

Wird das Beziehungskonzept auf diese Weise missverstanden, brennen solche Eltern schnell aus und geben dann in dem Glauben auf, sie hätten Unschooling praktiziert. In Wahrheit haben sie auf halbem Weg kehrtgemacht!

Wir leben wunderbar ausgeglichen, indem die Bedürfnisse der Kinder und der Eltern auf harmonische Weise erfüllt werden. Ich sehe unser Zusammenleben wie einen Mikrokosmos des Weltfriedens an. So zu leben wie wir, bedeutet vorzuleben, wie es gelingt, Menschen mit unterschiedlichen Überzeugungen, Werten und Interessen zu respektieren, ohne zu bewerten. Ich kann mir keinen besseren Weg vorstellen, als das Leben zusammen mit Kindern auf diese authentische Weise zu leben.

Indem wir mit unseren Kindern harmonisch zusammenleben,

- nehmen wir sie an,
- sind wir bereit, nachzugeben,
- lassen wir den Machtkampf hinter uns,
- treffen wir uns in der Mitte.

Mir gefällt das Bild, wonach unser Familienleben einem Fluss gleicht. Meine Kinder sind die Felsen im Wasser und ich bin das Wasser, das um die Felsen herumfließt. Ich habe die Lebenserfahrung der Geduld und der Flexibilität, die es mir erlaubt, meine eigenen Bedürfnisse zu erfüllen, bevor, nachdem und während ich meinen Kindern helfe, ihre eigenen Bedürfnisse zu erfüllen. Es liegt in meiner Verantwortung, dafür zu sorgen, dass ich meine eigenen Bedürfnisse erfülle, statt zu erwarten, dass meine Kinder dies tun.

KAPITEL 5

Annahme und Wertschätzung

*Nimm dein Kind an die Hand und lade es ein, mit dir
hinauszugehen und sich mit dir auf die Wiese zu setzen.
Ihr möchtet vielleicht beide das grüne Gras betrachten,
die Blümchen, die zwischen den Grashalmen blühen, und den Himmel.
Gemeinsam zu atmen und zu lächeln – das ist Friedenserziehung.
Wenn wir wissen, wie man diese schönen Dinge genießt,
werden wir nichts anderes mehr brauchen.
Frieden ist jederzeit verfügbar, mit jedem Atemzug, mit jedem Schritt.*

Thich Nhat Hanh

Sie hatten bestimmt schon einmal das Bedürfnis, Ihrem Herzen bei Ihrem Lebenspartner Luft zu machen. Sie sind mitten im Erzählen und auf einmal versucht Ihr Partner, die Sache für Sie zu lösen. Entweder werden Ihnen Vorträge gehalten, wie es besser sei, oder es werden Ihnen Lösungen angeboten und Sie haben schlicht den Eindruck, dass Ihnen das nicht weiterhilft. Sie möchten sich lediglich gesehen fühlen.

Kinder sind in ihrer Art nicht anders als wir – sie wollen gehört werden, nicht ›repariert‹. Wir denken häufig in traditionellen, konventionellen Maßstäben, weil wir so erzogen wurden. Wir tragen eine Sicht der Erziehung unserer Kinder weiter, die der Hundeerziehung gleicht, statt sie so zu schätzen, wie sie sind, und ihnen ein Partner im Leben zu sein. Aus Sicht eines Erziehenden wird in der konventionellen Erziehung jede Gelegenheit genutzt, um Kindern zu zeigen, wie sie sein *sollten*.

»Papa, ich hab' Angst.«

»Tja, wenn du dieses nicht getan und jenes nicht geguckt hättest, dann würdest du dich jetzt nicht so fühlen.« Hier kommt Scham ins Spiel, die sich wie eine Wand zwischen Eltern und Kind schieben kann. Nach einer solchen Bemerkung teilt sich das Kind möglicherweise seinen Eltern nicht mehr mit, um negative Reaktionen auf seine Ängste zu vermeiden.

Wie wäre es mit der Alternative »Soll ich dich in den Arm nehmen? Ich fühle mich manchmal sicherer, wenn mich jemand in den Arm nimmt.«?

Seinem Kind Partner zu sein, lässt sich auf authentische Weise umsetzen, ohne das Vorhaben, das Kind ›richten‹ zu müssen. Sie können also auch sagen »Das hat dich ganz schön geängstigt, Liebes! Möchtest du erzählen, was dich so bewegt hat?« Zu bestätigen und zu spiegeln, was Sie denken, was Ihr Kind erlebt hat, ist oft das Einzige, was nötig ist. Ist es nicht angenehm, gesehen und bestätigt zu werden? Unseren Kindern geht es exakt wie uns selbst.

Es ist nicht nötig, aus Angst um die Zukunft des Kindes jede einzelne Gelegenheit zu nutzen, um ihm zu sagen, was es in Ihrer Wahrnehmung falsch gemacht hat. Stattdessen können Sie aus einem freudigen, reinen, ehrlichen, völlig im Jetzt aufgehenden Moment sagen: »Unglaublich! Dass dir das passieren musste!«, dann lächeln oder anbieten, das Kind in den Arm zu nehmen.

Wenn Interessen wechseln

Sie finden also heraus, welche Interessen Ihr Kind hat und plötzlich verändern sich diese. Allerdings lässt sich mit der Zeit vielleicht ein Grundthema für verschiedene Interessen ausmachen, die ein Kind im Laufe seiner Kindheit hat. Vielleicht stellen Sie eine Verbindung zur Natur fest oder eine Neugier gegenüber den Sternen und dem Weltall, sehen die Vernarrt-heit in Pferde oder das interessierte Erforschen, wie Maschinen funktionieren oder eine Faszination für Bauwerke.

Verfolgen Eltern den Interessenwechsel, fragen sie sich viel-leicht, »wie kann ich die Leidenschaft meines Kindes fördern, wie ›Futter‹ anbieten, ohne das Ruder zu übernehmen, mich aufzudrängen oder sein Lernen in eine andere Richtung zu drängen?« Diese Frage ist ein wichtiges Thema für Eltern, die sich für ein freies und fröhliches Leben mit ihren Kin-dern engagieren. Ich weiß, was mit dieser Frage gemeint ist. Sie haben vielleicht viel Zeit und Mühe in eines der Projekte Ihres Kindes gesteckt, um schließlich festzustellen, dass die Märchenprinzessinnenphase ihrer Tochter darin mündet, ein neues Online-Spiel zu spielen. Diesbezüglich habe ich folgen-de Erfahrung gemacht:

• Nicht jedes Interesse mündet in eine Leidenschaft. Manche Interessen dauern Tage an, manche Jahre.
• Folgen Sie – wie ein Bach mit seinem natürlichen Fluss – Ihrem Kind und seinen wechselnden Interessen.
• Bleiben Sie in Verbindung mit Ihrem Kind und widerstehen Sie der Versuchung, die Wahl Ihres Kindes zu steuern.
• Wenn Sie merken, dass Ihr Kind eine andere Richtung einschlägt, lösen Sie sich von Vorsätzen bezüglich eines bestimmten Ergebnisses und bleiben Sie in Verbindung zu Ihrem Kind. Vertrauen Sie der Richtung, die das Kind mit seiner nächsten Leidenschaft einschlägt.

Mein Sohn interessierte sich für Pharaonen. Ich ging ins In-ternet und recherchierte dort das Programm von Museen in unserer Nähe. Ich fand eine Wanderausstellung, die im Bo-ston Museum of Science gezeigt werden sollte. Ich fand im Netz ebenfalls ein paar Zeitschriften, die Ägypten zum Thema hatten, und fragte ihn: »Willst du die Zeitschriften hier mal durchsehen?« Er suchte sich eine Zeitschrift aus, und wir bestellten sie. Als nächstes träumte er davon, nach Ägypten zu reisen, und ich schlug vor, »wir können doch auf youtube.com nachsehen, und uns dort Videos über Ägypten angucken?« Wir haben uns gemeinsam vor den Computer gesetzt, er auf meinem Schoß, waren in Verbindung und sprachen lange miteinander. Er wies viele meiner Ideen zurück und wir reflektierten, was wir gerade gemeinsam Neues erfuhren.

Ihre Aufgabe besteht einfach darin, dem natürlichen Fluss der Interessen und der neuen Erfahrungen zu folgen und den Kindern soviel Material wie möglich zu bieten, um so viele Interessen wie möglich in ihrem Leben zum Klingen zu bringen, an denen sie wachsen können. Ich bin ganz aufgeregt, wenn meine Kinder neue Interessen haben, weil ich es liebe, mit ihnen gemeinsam neue Quellen zu erschließen. Zeitschriften, Internetseiten, Online-Videos, Filme, Spiele, Ausstellungen, Bücher, eigene Erfahrungen, Gespräche stellen alles Lernmittel meiner Kinder dar.

Wir haben eine Zeitschrift namens ›Sparkle World‹[1] für meine Tochter abonniert. Darin geht es um *Polly Pockets* und *Emily Erdbeer* und ähnliche Figuren, die sie liebt. Einige meiner Freunde denken, ich würde Kommerz gut finden. Es gibt eine ganze Denkschule, die der Meinung ist, dass Popkultur etwas Schädliches sei. Ich empfinde es als schädlich, in Angst zu leben, indem ich dem Glauben und den Maßstäben anderer bezüglich negativer Einflüsse folge, es auf mein eigenes Leben anwende, ohne jemals hinterfragt zu haben, ob es auf mich zutrifft. Ich entscheide mich bewusst, der natürlichen Neugier meiner Tochter zu vertrauen, statt mich dem Glauben anheimzugeben, sie vor dem ›Schlechten‹ beschützen zu müssen,

---

1 Anm. d. Ü.: Englischsprachige Zeitschrift für Mädchen im Vorschulalter

das andere im Kommerziellen sehen. **Ich vertraue dem, wozu sie sich hingezogen fühlt, und weiß: Was ihr Gesicht zum Leuchten bringt, kann nur gut für sie sein.**

Mir ist klar, dass jedes Mal, wenn ich den Interessen meiner Kinder und ihrer Motivation, etwas zu lernen, Grenzen setze, ich gleichzeitig ihre Auswahl und die Alternativen aus der bunten Palette beschränke, die das Leben bietet. **Die organischste und natürlichste Art, mit meinen Kindern zusammenzuleben, besteht darin, ihnen bezüglich ihrer Interessen und Entscheidungen zu vertrauen.** Ich weiß, dass Lernen überall stattfindet, auch dort, wo andere lieber steuern und wovon sie ihre Kinder fernhalten. **Sobald wir etwas regulieren oder verbieten, verhindern wir potenzielles Lernen und Wachstum.**

Interessen durchlaufen Kreisläufe

Erst seit ich Mutter bin, faszinieren mich Edelsteine und Mineralien. Genaugenommen seitdem meine Kinder sie erforschten. Wir teilten diese Faszination. Als sich ihr Interesse *Spongebob* zuwandte, hat es mich etwas Zeit gekostet, diesem Thema dieselbe Wertschätzung wie Edelsteinen und Mineralien entgegenzubringen. Als es mir gelang, meine Sorge hinsichtlich ihrer Liebe für *Spongebob* abzulegen, fiel es mir wie Schuppen von den Augen. Mir wurde bewusst, wozu diese Sendung sie alles anregte: In dieser Zeit drehten sich ihre Gespräche um meereskundliche Themen, menschliche Beziehungen, sie verglichen Fast Food und Vollwertkost. Am erstaunlichsten erschien mir die bedingungslose Liebe *Spongebobs* für seinen Freund *Patrick*. Als ich mich durch meine Sorge hindurchgekämpft hatte und beim Vertrauen angelangt war, sah ich erst, was meine Kinder sahen. Hier wurde für mich ein Exempel statuiert, auf welche Weise Liebe zum Lernen führt, während Angst und Sorge Persönlichkeitsentwicklung hemmt.

Auf diese Weise wertzuschätzen, wozu sich meine Kinder hingezogen fühlten, auch wenn andere darüber die Stirn runzelten, bedeutete für mich einen großen Schritt und eine Erhellung. Heute habe ich keine Vorbehalte mehr, anderen von den Interessen meiner Kinder zu erzählen, da sie meines Erachtens alle gleich viel wert sind. Ich bin stolz über jedes Interesse, das sie zeigen, schließlich handelt es sich um eine Erweiterung ihres Selbst.

Es gibt keine wie auch immer gearteten Beschränkungen, keine Grenzen. **Die ganze Welt ist zum Lernen da, ist da, um an ihr zu wachsen.**

Unschooling-Moment

Ich spreche häufig über die *innere Motivation* als dem Beweggrund für ein Individuum, etwas zu lernen. Was jemand lernt, kann kein anderer für diese Person bestimmen. Dieser konkrete Aspekt des Unschooling ist für viele Leute schwer zu verstehen. Oft geben sie an diesem Punkt auf, weil es ihnen schwerfällt, so viel Vertrauen in ihre Kinder zu setzen.

Unschooling stellt die Ausgewogenheit zwischen zwei Aufgaben dar: zwischen der, einfach nur präsent zu sein und unsere Kinder zu beobachten und der, wahrzunehmen, wenn diese innere Motivation einsetzt. Es fragt sich, wie wir dann die Kinder fördern und ihnen helfen, ihrer inneren Motivation Futter zu geben. Doch ohne die beiden ›Hälften‹ wird das Kind schließlich in seinem Willen vernachlässigt, *mehr* lernen zu wollen. Wir sind als aktive, uns einbringende Eltern gefragt – und nicht etwa als führende –, nein, sondern um *mitzuwirken*, um *anzubieten*, und auch um zu *respektieren*, wenn wir einen Schritt zurücktreten sollen. Meine Kinder teilen uns auf ehrliche und unverfälschte Weise mit, was sie benötigen. Meine Aufgabe ist es *zuzuhören*, bei ihnen zu sein und ihr Lernen zu ermöglichen.

Ich meine nicht die rein physische Präsenz. Für mich bedeutet, ›da‹ zu sein, emotional beteiligt zu sein, so dass ich ihre innere Motivation wie ein helles Licht leuchten sehe. Es teilt mir mit, dass meine Unterstützung und Ermutigung gefordert sind.

Ein Großteil der konventionellen Erziehungsdiskussion bewegt sich vor dem Glaubenshintergrund, dass es seltene ›Gelegenheitsfenster‹ gibt, in denen ein Kind bereit ist, bestimmte Fähigkeiten zu erlernen. Diese werden als spezifische, einmalige Gelegenheiten im Leben eines Kindes zu einem willkürlichen Zeitpunkt und Alter dargestellt. Das stellt das Lernen in ein formal-technisches Licht, als sei es für Eltern unergründlich und schwer auszumachen. Wenn wir die entscheidenden Zeitfenster verpassen, so die Behauptung, werden unsere Kinder bestimmte Dinge nie erlernen. Man macht uns glauben, dass wir die entsprechende Information unseren Kindern wiederholt zwangsverfüttern müssen, bis sie sie ›geschluckt‹ haben. Ich schenke dieser Überzeugung keinen Glauben, da meine persönliche Erfahrung mir das Gegenteil zeigt.

Ich weiß, wann meine Kinder bereit sind, etwas Neues zu lernen, weil *sie es mir sagen*. Sie *zeigen es mir*. Ich weiß es, weil ich da bin, präsent und in Kontakt mit ihnen. Ich weiß *genau*, wann diese ›Lernfenster‹ geöffnet sind, weil ich jeden Tag mit ihnen zusammen bin. Ich brauche niemanden, der mir sagt, wann meine Kinder bereit sind, bestimmte Dinge zu lernen. Es ist nicht so kompliziert, wie uns weisgemacht wird. Es ist wirklich ganz einfach, bringt Spaß und Freude, weil wir mit dem Fluss des Lernens mitgehen.

Es ist ein organischer, natürlicher Prozess, der sich gut anfühlen darf. Es *fühlt* sich gut an, wir sind der lebende Beweis dafür.

Ivy sah mich einen Einkaufszettel schreiben und wollte auch einen anfertigen. Sie fragte: »Mama, wie male ich das?«

»Meinst du die Buchstaben?«

»Ja, Buchstaben,« sagte sie, »ich will auch eine Einkaufsliste schreiben.«

Ich setzte mich einen Moment zu ihr, aber sie wollte nicht, dass ich ihr *vormache*, wie es geht. Sie brauchte größtmögliche Unabhängigkeit, war aber frustriert, weil sie nicht wusste, wo sie anfangen sollte. Ich habe ein paar Minuten lang in alle Richtungen überlegt, was ich ihr anbieten könnte, das ihr auf diesem Weg weiterhelfen könnte. Mir fielen die Magnetbuchstaben von *Leap Frog* ein, die den dazugehörigen Laut hörbar machen.

Holla, wie sie das liebte! Sie saß lange Zeit da und hörte sich verschiedene Buchstabenlaute an. Ich zeigte ihr eine Möglichkeit, wie sie ihren Stift halten konnte. Dann begann sie, Buchstaben auf ihrem Blatt abzumalen. Ja, sie *schrieb Buchstaben*! Es war unglaublich. Sie schrieb ihren eigenen Einkaufszettel und brachte ihn uns. Im Geschäft zeigte sie mir immer wieder, was sie ›brauchte‹. »Ah, du brauchst ein ›k‹, Ivy! Prima!« Sie ist eine so einmalige Lernerin. Ich unterstütze so gerne das Lernen meiner Kinder, und diese Hilfe ist jedes Mal anders, für jedes meiner Kinder einzigartig. Wie ich mein Leben liebe!

Auf andere Überzeugungen stoßen

Viele Menschen sind es gewohnt, diktiert zu bekommen, wie sie ein konventionelles Leben zu leben haben. Die meisten Menschen folgen der Herde und entscheiden sich nie dafür, sich Gedanken darüber zu machen, welche ihre eigenen Ansichten sein könnten. Wenn sie sich dazu entscheiden, mehr über das Unschooling zu erfahren, denken sie vielleicht, »In Ordnung, ich lasse das konventionelle Denken jetzt hinter mir und muss mir einen ganz neuen Lebensentwurf mit Kindern aneignen«, und suchen dann nach einem *Lehrbuch*, wie man zu einem »guten Unschooler« wird. Sie sind meist sehr erstaunt, wenn sie erfahren, dass es keine Anleitung zum Radical Unschooling gibt.

*So zu leben wie ein anderer Unschooler, ist unmöglich, da
Unschooling zu leben zwingend bedeutet, nach den eigenen
Ansichten zu leben.*

Unschooling ist eine organische, authentische Lebensweise,
bei der Sie sich den eigenen Weg zum Respekt und zur Wertschätzung Ihrer Kinder und zu Ihren ureigenen Überzeugungen bahnen müssen.

Unsere unbeschulten Kinder werden unweigerlich auf andere Lebenskonzepte und Traditionen außerhalb unserer Familie
stoßen. Wir schätzen das und stehen dem offen gegenüber, sind
bereit, daran zu wachsen und uns im Ergebnis dessen auch zu
verändern. Als Partner im Leben unserer Kinder sind wir gewillt,
verschiedene Religionen, Ernährungsgewohnheiten, Tätigkei-
ten, Kulturen und Werte zu erforschen. Wir sind gewillt und
begierig, uns als Familie und persönlich weiterzuentwickeln.
Wir lernen genausoviel von unseren Kindern wie sie von uns.

Haben wir uns einmal für das Radical Unschooling entschieden, bedeutet das, den Respekt auf alle Menschen in unserem Leben auszuweiten, unsere Beziehungspartner, Freunde
und Verwandte eingeschlossen. Mein Mann war eine Zeit-
lang begeistert von einer Sendung namens ›*Orange County
Choppers*‹[2]. Diese Sache hat mich eindeutig nicht interessiert,
aber da mein Mann die Sendung mochte, fing ich an, mich
ihr zu öffnen. Eines Tages stieß ich auf den Gedanken, dass
ich meinem Mann auf dieselbe Art begegnen könnte, wie wir
es mit den Kindern taten.

An diesem Abend ging ich ins Internet und bestellte ihm das
Buch ›*Build your own Chopper*‹[3]. Sie hätten sehen sollen, wie

2 Anm. d. Ü.: Fernsehserie über einen US-am. Motorradhersteller, der sich auf
Chopper-Sonderanfertigungen spezialisiert hat (ausgestrahlt in den USA 2002 bis
2010 auf Discovery Channel bzw. TLC, in Deutschland auf DMAX)
3 Anm. d. Ü.: zu dt. ›Bau dir deinen eigenen Chopper‹

verliebt er war, als ich es ihm gab. Er sah mich an und sagte: »Ich danke dir von Herzen.« In diesem Moment erkannte ich, dass ich eine neue Ebene der Erkenntnis erklommen hatte. Mir wurde klar, dass ich mich all dem öffnen musste, was mein Mann liebte, und unsere Beziehung würde inniger werden, wir würden uns verbundener fühlen. Seitdem mir das klargeworden ist, ist unsere Beziehung tatsächlich inniger geworden.

Wenn man sich dem öffnet, wo jemand steht, statt den Blick vom eigenen Standpunkt aus auf ihn zu richten oder gar darauf, wie er der eigenen Meinung nach sein *sollte*, bedeutet das einen enormen Lernschritt hin zu einem authentischen und respektvollen Kontakt zum anderen. Das zu erfahren, verbessert die Beziehung zu den Menschen. Ich bin begeistert davon, auf die Welt um mich herum ausweiten zu können, was ich im Unschooling gelernt habe. Es handelt sich schließlich um mehr als nur um ein Bildungs- oder Erziehungskonzept. Welch enormen Beitrag können wir leisten, wenn wir in unserer eigenen Familie damit beginnen, unsere eigenen Werte umzusetzen, indem wir die Interessen und Vorlieben all jener fördern, mit denen wir in Verbindung treten – wie reich wird unser Leben! Wieviel Freude bringen wir in unser Leben und in dasjenige unserer Mitmenschen!

KAPITEL 6

Die Wahl zwischen Erziehung und Beziehung

*Das Kind gleicht einem Touristen, der ohne Sprachkenntnisse
versucht, sich in einem Land zurechtzufinden, dessen Sitten und
Bräuche er nicht kennt. Zuweilen möchte er auf eigene Faust auf
Entdeckungstour gehen; wenn es brenzlig wird, fragt er nach dem
Weg und bittet um Hilfe. Was er braucht, ist ein Reiseführer, der ihm
auf freundliche Art seine Fragen beantwortet.*

Janusz Korczak

Das natürliche Lernen entspricht einem evolutionären Bildungsansatz. Unsere Wahlfreiheit unterstützt die intrinsische Fähigkeit der Kinder, das zu lernen, was sie in ihrem Leben glücklich und erfolgreich macht. Andere Eltern fragen mich, wie ich es anstelle, vier Kindern gleichzeitig zur Verfügung zu stehen, deren Interessen stetig wechseln. Was passiert, wenn ihre Interessen miteinander in Konflikt kommen?

Wenn in unserer Familie Bedürfnisse in Konflikt geraten, teilen wir uns gegenseitig erst einmal mit, was jeder am konkreten Tag machen möchte und arbeiten an einem Plan, wie die unterschiedlichen Bedürfnisse erfüllt werden können. Zeit kann ein Faktor bei der Entscheidungsfindung sein, wenn mein Sohn zur Bibliothek, meine Tochter aber auf den Spielplatz gehen möchte. Wir besprechen dann, dass die Bibliothek um 16 Uhr schließt. Wenn ich das Dakota mitteile, ist ihr die Bedeutung und Logik dessen klar, dass es sinnvoll ist, zuerst zur Bibliothek zu gehen, und sie ist bereit, diesen Umstand zu akzeptieren. Eine friedvolle Lösung zu suchen bedeutet, alle in den Entscheidungsprozess miteinzubeziehen. Die Kinder wissen, dass die Bedürfnisse aller gleichviel wert und wichtig sind und ich brauche keine Vorgehensweise oder Lösung vorzugeben. Ich frage die Kinder nach ihrer Meinung. Mich beeindruckt immer wieder, welche Alternativen ihnen einfallen. Wir arbeiten Hand in Hand, damit jeder das unternehmen kann, was er an dem Tag machen möchte.

Bedürfnisse und Verhalten

Betrachten wir einmal das Gehorsamsmodell, wonach angeblich etwas nicht stimmt, wenn ein Kind ungehorsam ist oder einer Autorität zuwiderhandelt. Und das geht soweit, dass unsere Gesellschaft auf Medikamente zurückgreift, um Kinder fügsam zu machen. Es ist unglaublich beunruhigend, dass Eltern oder die Schule gegebenenfalls die Gehirnchemie eines Kindes verändern, um ihre eigenen Bedürfnisse zu befriedigen – der Inbegriff von Narzissmus. Kinder werden über Bestrafung und Belohnung zu Verhalten gezwungen, was die elterliche Rolle vereinfacht. Auf diese Weise erzwungenes Verhalten erfüllt das Bedürfnis der Eltern; das Bedürfnis der Kinder wird nur selten berücksichtigt. Es ist nötig, einen Blick hinter die Kulissen zu werfen und uns bewusst zu werden, dass es nicht unsere Aufgabe ist, Kinder zum Gehorsam zu erziehen. Unsere Aufgabe ist es, frei denkende, starke, selbstsichere Kinder großzuziehen.

Als Eltern, die das Konzept des Radical Unschooling leben, konzentrieren wir uns auf die Bedürfnisse, die einem ›schlechten‹ Verhalten zugrundeliegen. Ich würde meinem Mann auch nicht sagen: »Liebling, du hast dich im Geschäft eben daneben benommen.« Das fühlt sich für mich nicht respektvoll an und erinnert an Hundeerziehung.

Traditionell richtet sich in der Erziehung der Blick auf das Verhalten des Kindes. Aus der gelebten Unschooling-Beziehung leitet sich ab, dass wir uns dafür entscheiden, unseren Blick nicht darauf zu richten, wie *unser* Kind seine Bedürfnisse ausdrückt bzw. wie es sich verhält. **Ich beurteile Verhalten nicht, weil ich darauf vertraue, dass unsere Kinder ihren Belangen jederzeit bestmöglich Ausdruck verleihen.** Wenn Eltern dem Verhalten ihrer Kinder durch Strafen Einhalt gebieten, denken sie vielleicht, dass die Aufgabe damit erledigt ist. Doch das dem Verhalten zugrundeliegende Bedürfnis ist damit nicht erfüllt. Um ehrlich zu sein, erfüllt die Verhaltenskorrektur selten das Bedürfnis des Kindes. Wir hören unseren Kindern nicht genau zu. Wir machen sie mundtot und bringen sie dazu, sich ordentlich zu benehmen.

Ein kritischer Aspekt, den es sich zu merken und zu verinnerlichen lohnt: Ein unerfülltes Bedürfnis eines Kindes schwindet nicht. Das Verhalten des Kindes zu unterbinden, tut nichts für das Kind, sondern erfüllt lediglich das Bedürfnis der Eltern. Das Bedürfnis des Kindes ist weiterhin da, ist gegenwärtig, und weiter unerfüllt. Wie unermesslich frustrierend für ein Kind, oder auch jeden insoweit betroffenen Menschen!

Können Sie sich vorstellen, wie unerträglich es ist, wenn Sie vor Müdigkeit und schlechter Laune jemanden dringend um etwas bitten, und dieser Jemand Ihnen sagt, »Ich mag deinen Tonfall nicht. Du setzt dich jetzt für fünf Minuten dorthin und bist still!« Darüber hinaus geht dieser Jemand weg und lässt Sie allein. Können Sie den anschwellenden Frust in sich nachempfinden? Es gibt Eltern, die ihre Kinder jeden Tag auf diese Weise behandeln, das verbiegt die Kinder innerlich.

Aber das Bedürfnis ist und bleibt unerfüllt. Häufig ist es so, dass die Bedürfnisse sich in andere Symptome wie Stottern, Nägelkauen oder noch Drastischeres verwandeln. Dann verabreichen wir unseren Kindern Medikamente, karren sie zu Therapien, um ein Verhalten ›wegzutherapieren‹, das *wir* verursacht haben. Das Bedürfnis erledigt sich nicht von selbst, indem wir das Kind dazu bringen, sein Bedürfnis nicht mehr auszudrücken. Es wäre deutlich einfacher, das Bedürfnis von Anfang an zu hören. Hätte sich ein Kind tatsächlich Gehör für sein grundlegendes Bedürfnis verschaffen können, hätte dieser Teufelskreis der Erziehung nie begonnen.

Es ist nicht möglich, die Bedürfnisse eines Kindes aus ihm herauszustrafen. Was immer aus den Kindern herauskommen will, wird das auch gegen Deckelung tun. Es geht darum, das *Bedürfnis wahrzunehmen*, und wenn das Bedürfnis erfüllt ist, wiederum dessen Wachstum wahrzunehmen – das ist es! »Sie hat diesmal nicht geschrien, um ihren Saft zu bekommen – sie hat höflich darum gebeten! Das war beeindruckend.« Nehmen Sie es einfach wahr und seien Sie authentisch. Bleiben Sie mit Ihrem Erleben im Moment und fühlen Sie die Dankbarkeit.

Langeweile

Kinder sagen »Mir ist langweilig« und die ersten gesellschaftlich induzierten Spontanreaktionen von Eltern lauten dann wie Bestrafungssalven: »Du hast so viel Spielzeug und dir ist langweilig? Warum gehst du nicht raus? Geh, such dir jemanden zum Spielen. Such dir selbst eine Beschäftigung.« Bestrafen wir Kinder dafür, dass sie auf ihre Bedürfnisse aufmerksam machen? Schaufeln Sie den Teil Ihres Eltern-Selbst frei, der gegen diese Art von Bestrafungsdenken rebelliert. Fragen Sie doch einfach »Soll ich dir helfen, etwas zu finden?« oder »Möchtest du etwas mit mir gemeinsam machen?«

Meinem Mann macht die Rebellion gegen das konventionelle Erziehungsdenken Spaß. Wenn wir zum Beispiel in einem Geschäft sind und meine Tochter etwas haben möchte, antwortet er »Na klar kannst du das haben, Ivy.« Joe ist stolz darauf, in der Öffentlichkeit seinen freundlichen und respektvollen Umgang mit den Kindern zu zeigen. Um die konventionelle Erziehungsnorm aufzubrechen, muss lediglich ein Schalter im Gehirn umgelegt werden, und schon tun sich neue Wege auf. Sie können Ihre Antworten neu justieren und lernen, in Situationen, die Sie bislang belastet haben, mit mehr Freude zu reagieren. Ist Ihrem Kind beispielsweise langweilig, legen Sie den Schalter in Ihrem Kopf einfach um, so dass Sie die freudige Erwartung in dieser Situation sehen und vielleicht Folgendes vorschlagen: » Klasse! Eine Gelegenheit, etwas gemeinsam zu unternehmen! Worauf hast du Lust? Vielleicht einen Kuchen zu backen?«

Ich möchte damit nicht sagen, dass Eltern nicht auch müde oder frustriert sein dürfen. Ihre Kinder bekommen durchaus mit, wenn Sie nur noch wenig oder keine Energie mehr haben. Indem Sie mitteilen, dass Sie nur noch sehr bedingt verfügbar sind, sind Sie nur ehrlich zu sich selbst und authentisch. Ein Radical Unschooler zu sein bedeutet nicht, dass Sie ständig unter Strom stehen, am laufenden Band tolle Spiele erfinden und bis zum Umfallen spielen müssen. Manchmal kann einfach ins Freie zu gehen Ihren Energiehaushalt wieder ausgleichen. Ich baue gern Elfenhäuser mit den Kindern in unserem Garten oder liege gern auf einer Decke und beobachte die Wolken. Dabei kann ich entspannen, und die Kinder mögen das auch.

Ein Weg, das eigene Interesse und die Energie zu regenerieren, ist, sich die Frage zu stellen, »Was würde ich jetzt gern mit meinem Kind tun?« Die volle Aufmerksamkeit für meine Kinder zu haben, ist sehr wichtig, und wenn ich etwas mache, woran ich keinen Gefallen finde, merken meine Kinder, dass ich nicht bei der Sache bin, und sind unzufrieden. **Sind Sie selbst ehrlich, was Ihre Bedürfnisse anbelangt, dann werden Ihre Kinder es mit ihren eigenen sein.**

Unschooling-Moment

Um zu verstehen, wie ein partnerschaftliches Leben mit Kindern funktioniert, benötigen die Menschen ein wenig Zeit. Wir selbst sind mit dem Gedanken erzogen worden, dass Kontrolle – und sei sie noch so dezent – sein muss, wenn man Kinder großzieht. Radical Unschooling zeigt, dass es anders geht!

Neulich war ich mit den Kindern in der Frischwarenabteilung eines Lebensmittelsladens. Ivy nahm sich eine Tüte und füllte sie mit Rosenkohl. Sie tat ihre Vorliebe für dieses Gemüse kund, das selbst viele Erwachsene nicht mögen. Eine ältere Frau beobachtete sie ganz verblüfft. Ivy quiekte vor Freude und sang dabei: »Ich liebe meine Röschen! Yeah, yeah, yeah!«

Ich sah, dass die Frau mir etwas sagen wollte, also grüßte ich sie. Sie sagte daraufhin: »Alle Achtung, Sie haben Ihre Kinder aber gut erzogen!« Sie bewunderte die Tatsache, dass ein Kind freiwillig Rosenkohl essen können sollte und fragte sich offenbar, wie ich meine Tochter wohl dazu *gebracht* habe, Rosenkohl zu mögen. Sie dachte, es sei mein Werk. Vielleicht eine besondere Form von Jedi-Gedankenkontrolle? Sie fragte: »Was ist Ihr Geheimnis?«

Ich erklärte ihr nüchtern, dass ich Rosenkohl selbst mag und meine Tochter diese Freude ganz einfach teilen wollte. Ich bekräftigte, dass ich meine Tochter nie dazu angehalten habe, Rosenkohl zu essen, und sie lediglich neugierig war, was ich da wohl so genieße. Auf meine Antwort hin blickte die Frau etwas irritiert drein, lächelte dann aber.

Die meisten Leute sind darüber erstaunt, dass sich unseren Kindern in ihrer echten Freiheit so viel mehr Gelegenheiten und Alternativen bieten als ohne diese. Ist jemand gezwungen, ein Leben nach den Idealen eines anderen zu leben, ist die Zukunft verkorkst, weil die echte Wahl verlorengeht. Die aus einem Machtkampf resultierenden Wahlmöglichkeiten enden in der Wahl zwischen ›ich‹ oder ›du‹. Lange, nachdem die Entscheidung für zwei Alternativen gefallen ist, geht der Machtkampf jedoch weiter.

Ich bin sicher, dass deshalb viele Leute Rosenkohl hassen, weil sie als Kind genötigt, gezwungen oder bestochen wurden, um Rosenkohl zu essen. Allein der Anblick von Rosenkohl versetzt diese Leute zurück in die Situation, keine Wahl bzw. nicht die Entscheidungsgewalt über ihr Leben zu haben. Es ist natürlich, dass wir diesen Machtkampf um alles in der Welt ›gewinnen‹ wollen; wir beweisen unsere Macht auch noch als Erwachsene mit Pauken und Trompeten, indem wir z.B. bestimmte Lebensmittel verweigern.

Ivy liebt Rosenkohl, weil sie jederzeit die Freiheit der Wahl hatte. Ich liebe ihn auch, esse ihn aber niemals extra genüsslich mit dem *Hintergedanken*, meine Kinder auch dazu zu bringen. Ich erachte diese Tatsache als sehr wichtig für Menschen, die so leben wollen wie wir. Das Leben im Hier und Jetzt und authentisch zu leben ist ganz einfach, wenn wir unseren kulturellen Panzer einmal fallenlassen. Die meisten von uns wurden mit Hintergedanken von mehr oder weniger verdeckter oder gar offener Kontrolle erzogen – und meine Sichtweise entspricht keinem neuen Trick, wie man unseren Kindern beibringt, das zu tun, was wir von ihnen wollen.

Das größte Geschenk, das wir unseren Kindern geben können, ist ein Leben in Authentizität. Mit unseren Kindern auf respektvolle und freundliche Weise zu kommunizieren und unsere gesellschaftlich geprägten Vorstellungen hinter uns zu lassen, wonach ›höhere Ziele‹ in der Erziehung der Kinder wichtig sind, kann so befreiend und erfreulich sein! Natürlich gibt es Höhen und Tiefen im Leben, aber wir sind nicht mehr ›auf der Suche nach dem Glück‹ – wir leben es!

Lebensbejahendes Engagement

Sich für das Radical Unschooling einzusetzen, ist etwas Besonderes. Auf jeden Fall entspricht es dem Eintreten für ein Leben in vollem Bewusstsein. Nicht ohne Grund sind Sie auf das Radical Unschooling gestoßen. Die meisten Leute kommen zum Radical Unschooling, weil sie mehr vom Leben mit Kindern erwarten als eine konventionelle Eltern-Kind-Beziehung. Sie fühlen instinktiv, sie würden gegen ihre eigene Natur handeln, wenn sie autoritär und strafend mit ihren Kindern umgehen.

Die Menschen finden zu dieser Art Beziehung, weil sie etwas anderes suchen als das, was sie selbst als Kind erlebt haben. Vielleicht wissen sie insgeheim, dass es einen anderen, einen besseren Weg gibt als das, was sie heutzutage in der Welt erleben. Vielleicht sehen sie andere Familien auf diese Weise leben und fühlen akut den Wunsch, die Dinge neu zu priorisieren und Familie, Freiheit, Verbindung und Freude in der Rangliste über die Erfordernisse der Schule zu stellen.

Diese Art zu leben macht offenbar Schule! Immer mehr Eltern sind dabei, ihre Augen zu öffnen. Sie nehmen die Dinge in die Hand, um ihrer Familie mehr Freude, Freiheit und mehr Möglichkeiten zum Lernen zu schenken, als es in der Geschichte je möglich war. Es findet ein Erwachen statt, und ich bin stolz, Menschen auf den Weg zu helfen, das Radical Unschooling zu verstehen und zu leben.

Sobald Sie die Grundsätze des Radical Unschooling ganz oben auf Ihre Werteliste setzen, wird Bildung ganz natürlich und authentisch erfolgen – als Ergebnis eines reichen, interessanten, durch Leidenschaft angetriebenen gemeinsamen Lebens.

Sein Leben umstellen und das Radical Unschooling leben zu wollen, kann schwierig sein. Es gibt Momente, in denen ich mich einer Sache auch einmal ohne Unterbrechung widmen möchte. Ich gerate mit der Wirklichkeit aneinander. ›Ohne Unterbrechung‹ gibt es in meinem Leben nicht, es sei denn, alle anderen schlafen. Mir ist bewusst, dass es sinnvoll ist, realistische Erwartungen an das Leben zu stellen. Ich lebe in einem Bewusstseinsraum, innerhalb dessen ich mich für exakt dieses Leben mit Kindern *entschieden* habe. Ich bekenne mich nun einmal dazu, das Lernen der Kinder zu unterstützen. Das ist eine große Verantwortung, die ich ernst nehmen will.

Zu lernen, jederzeit das zu unterbrechen, was ich gerade tue, um einem der Kinder zu helfen, gehört untrennbar zu meiner Aufgabe. Wenn ich nun jedes Mal verärgert wäre, wenn ich meine Tätigkeit unterbreche, um zu helfen, wäre ich ein Großteil des Tages deprimiert oder wütend, das weiß ich. Ich habe gelernt, diese Situation zu akzeptieren und mich dem zu öffnen, was *ist*. Ich weiß, dass ich die Wahl habe, ihnen voller Frust oder voller Freude zu helfen. Ich entscheide mich für die Hilfe voller Freude, und alles andere richtet sich danach.

Da unsere wirklichen Bedürfnisse als Kinder selten erfüllt wurden, denken wir, »es ist endlich an der Zeit, dass meine Bedürfnisse an erster Stelle stehen«. Wir könnten jedoch die Wegbereiter von Veränderungen sein! Es gilt, unsere anerzogene ›Ich-zuerst‹-Prämisse loszulassen und das Partnerschaftsmodell zu übernehmen. Stellen Sie sich der Verantwortung dazuzulernen und üben Sie sich darin einfach gemeinsam mit Ihren Kindern. Begreifen Sie die Bedeutung, die unsere Entscheidung für zukünftige Generationen haben wird! Sie werden dank unserer Initiative diese Art zu leben mit der Muttermilch aufsaugen. Wir können diejenigen sein, die mit diesem Geschenk an die Menschheit den Lauf der Erziehungsgeschichte ändern!

Mit Kindern in der Öffentlichkeit

Wir werden oft gefragt, ob unsere Kinder sozial verträglich sind. Auf einer Konferenz stellte ein Elternteil einmal die Frage: »Wenn ihr in der Öffentlichkeit unterwegs seid und die Leute keine Ahnung haben, dass ihr Unschooler seid, eure Kinder laut und verrückt drauf sind, wie gehen Joe und du damit um?«

Meine Antwort darauf ist, dass ich in solch einer Situation bereits eine gewisse Dynamik mit meinen Kindern etabliert habe. Es besteht bereits eine Vertrauensbeziehung zwischen uns. Wenn ich Informationen zum passenden Verhalten anbiete, wertschätzen sie diese Information. Sie tun es wirklich. Wenn ich es ihnen sage, glauben sie mir. Sie wissen, dass es nicht um einen Machtkampf geht, dass ich nichts gegen sie habe. Ich gebe ihnen lediglich eine Information an die Hand. Wenn ich meinem Zehnjährigen sage, »hier ist es unpassend, herumzurennen«, wird er antworten, »ach so, in Ordnung.« Er schätzt die Information und versteht. Er *möchte* gerne wissen, was erwartet wird, wo immer wir gerade sind.

Wenn Sie das Gefühl haben, Ihre Kinder verhalten sich in einem Einkaufszentrum oder in einem Geschäft ›unmöglich‹, können sie kreativ werden. Sie können sich zum Beispiel bei der Auswahl der Lebensmittel helfen lassen. Sie könnten den Ort des Geschehens einfach verlassen. Joe geht in solchen Situationen zum Beispiel mit den Kindern zum Kaugummiautomaten, sucht mit ihnen Süßigkeiten aus oder geht mit ihnen zum Hummerbecken, um einen Stimmungswechsel herbeizuführen, bevor er sich weiter seinen Einkäufen zuwendet. In diesen Situationen erinnere ich mich selbst daran, dass lediglich Geduld und Ruhe weiterhelfen, und Ärger und Frust die Sache nur verschlimmern. Erkennen Sie einfach und tragen Sie der Tatsache Rechnung, dass Ihre Kinder eine Pause brauchen, und nehmen Sie sich einen Moment, um sich auf die

Bedürfnisse der Kinder zu konzentrieren. Natürlich ist Ihr Bedürfnis einzukaufen wichtig, doch genauso wichtig ist das Bedürfnis der Kinder, in ihrem Tempo an den Spielzeug- oder Süßigkeitenregalen vorbeizugehen, und dabei alle lustigen und leckeren Dinge zu kommentieren, die sie dort sehen. Wenn Sie entschieden haben, sie zum Einkaufen mitzunehmen, ist es unrealistisch zu erwarten, dass sie Ihnen wie kleine, gehorsame Lakaien folgen. Planen Sie Zeit ein, damit sie auf Entdeckungsreise gehen können, Fragen stellen und sich ein paar Kleinigkeiten aussuchen können. In Zeitnot sein bringt Stress. Wenn ich also nicht die Zeit dazu habe, sie partnerschaftlich zu begleiten, gehe ich alleine einkaufen.

Nehmen wir an, Sie würden ein fremdes Land bereisen und Sie hätten einen Reiseleiter, der Ihnen etwas über die Bräuche des Landes sagen könnte, wie würden Sie zu diesen Bräuchen stehen? Wenn Ihnen gesagt würde, dass es unangemessen sei, seine Fußsohlen zu zeigen, wären Sie einfach nur froh über diese Information! Das Radical Unschooling zu leben, basiert auf derselben Dynamik. **Wo in Partnerschaft gelebt wird, gibt es keinen Machtkampf. Das, was andere als ›schlechtes Benehmen‹ einstufen würden, kommt nicht oft zum Tragen, da die Bedürfnisse meiner Kinder Beachtung finden und erfüllt werden** – ganz einfach.

Sie können Ihren Kindern auf friedfertige, freundliche, respektvolle Weise mitteilen, welches Verhalten annehmbar ist, und sie werden Ihre Auskunft schätzen. Dabei wird Ihre Vorgehensweise ganz und gar von Ihrem Impuls bestimmt. Ich denke, dass es in meiner Verantwortung liegt, Informationen, die ich habe, an meine Kinder weiterzugeben. Ich denke, dass es zum Nachteil für Kinder ist, nicht zu erfahren, welches Verhalten üblicherweise angemessen ist, denn dann würden wir sie in die Welt entlassen, und ihnen dabei wesentliche Informationen vorenthalten. Selbstverständlich lernen Kinder dadurch, wie wir uns in der Welt geben, aber Gespräche sind ebenfalls wichtig. Die eben beschriebene Dynamik in der Eltern-Kind-Beziehung – dass wir Eltern uns als ›Reiseführer‹ im Lebensabenteuer der Kinder verstehen – macht ein Großteil der Haltung im Radical Unschooling aus.

Die meisten von uns wurden in einem autoritären Umfeld groß, in dem es zwei Möglichkeiten gab: Gehorchen oder Bestraftwerden. Unschooling zu leben, bedeutet im Gegensatz dazu, kreativ zu sein und sich der Tatsache bewusst zu sein, dass es *immer* mehr als zwei Möglichkeiten gibt. Ich war einmal auf einem Flug nach Florida, und Ivy, meine damals drei Jahre alte Tochter, sprach etwas laut. Eine Frau drehte sich zu mir um und sagte mir ins Gesicht: »Die Kleine soll gefälligst den Mund halten! Sie ist zu laut und ich kann es nicht ertragen!«

Ich hatte spontan die beiden Möglichkeiten vor Augen: Der Frau zu gehorchen und mich zu entschuldigen. *Das* bin aber nicht mehr ich. Ich hätte der Frau – wie mir kurzzeitig vorschwebte – auch einen Rüffel verpassen können, aber das entspricht auch nicht mehr meinem heutigen Selbst.

Stattdessen holte ich tief Luft und entschied mich, zu lächeln und nickte ihr zu. Es gab einfach keine Regel, die besagte, dass es Kindern im Flugzeug untersagt sei, zu sprechen. Die Leute vor uns drehten sich zu uns um und sagten, dass sie Ivy gar nicht hörten. Ich sagte zu der Frau: »Ich schau mal, was sich machen lässt«, zwinkerte ihr zu und lächelte. Das war alles.

Meinen Kindern sagte ich dazu gar nichts. Ivy hatte gar nicht richtig mitbekommen, was passiert war, und wir spielten einfach weiter. Es war mir wichtig, dass die Kinder mich in der friedvollen, freundlichen Reaktion erlebten. Unsere Kinder lernen von allen unseren Interaktionen im Leben. Devin und Dakota hatten das beobachtet und sahen, wie man sich respektvoll verhalten kann. Ich kam nicht in die Versuchung, mich zu verteidigen, denn mir ist mein Lieblingszitat von Byron Katie – *Verteidigung ist der erste Kriegsakt* – stets präsent.

Ich werde von Tag zu Tag der Elternteil, der ich sein will. Ich bin seit zehn Jahren auf dem Wege des Unschooling, und ich empfinde immer noch Momente des Rückschritts. Mir ist wichtig, dass meine Leser wissen, wie normal es ist, dass es diese bedauerlichen Momente gibt. Wenn Sie sich als Eltern einer Sache schuldig fühlen, machen Sie sich deswegen nicht das Leben schwer. Ich habe das auch getan, aber wenn mir jetzt ›Rückschritte‹ passieren, weiß ich, dass Schuldgefühle nur noch mehr Negativität in mein Leben bringen – also gehe ich mit mir selbst ebenso gütig wie mit anderen um.

KAPITEL 7

Zwei Schritte vor, einen zurück

Leben heißt Lernen, und das Leben ist großartig!

Dayna Martin

Stellen Sie sich vor, dass sich Ihre Kinder um eine DVD streiten. Was würde ein Unschooling-Elternteil in dieser Situation tun? Wie würden Sie das in einer perfekten, einer Radical-Unschooling-Welt handhaben?

Manchmal hören wir Streit, der unsere Alarmglocken schrillen lässt. Unsere Ur-Reaktion lautet »Hört damit auf! Hört mit dem Lärm auf! Hört auf zu streiten!« Durch unsere eigene Erziehung neigen wir dazu, umgehend etwas zu unternehmen, um die Aktion zu unterbrechen, auch wenn das für keinen der Beteiligten fair ist. Um für beide Seiten gewinnbringende Lösungen und Kompromisse zu finden, braucht es jedoch ein bestimmtes Bewusstsein und auch Zeit für eine Reaktion. Es ist wichtig zu sehen, dass unsere Unschooling-Antworten länger brauchen als auf Gehorsam basierende Erziehung. Für diesen Mehraufwand werden wir jedoch reich belohnt und kommen ohne die negativen Nebenwirkungen der konventionellen Erziehung aus.

Eine Möglichkeit, auf den Streit zu reagieren, wäre für mich: »Hey, ihr beiden, was ist los? Kann ich irgendwie helfen?

Können wir uns zusammentun und gemeinsam eine Lösung finden?« Ein weiterer Standardsatz von mir lautet: »Fällt euch vielleicht ein, wie ihr beide glücklich sein könntet?«

Sie spielen schon in der vordersten Liga, wenn Sie mehr als die Hälfte der Zeit die Art Elternteil sind, der Sie sein möchten. Machen Sie sich bewusst, dass es zu Beginn normal ist, in konventionelle Erziehungsmuster zu verfallen. Wir können Dankbarkeit bei solchen Rückschritten fühlen, da wir dank ihrer lernen können, welche Art Eltern wir nicht sein wollen. Durch Schritte zurück in alte Muster sind wir in der Lage zu vergleichen zwischen dem, was wir gesellschaftlich gelernt haben, und den Unschooling-Fertigkeiten, die wir umsetzen möchten. Wir spüren, wie es sich anfühlt, wenn wir uns in Schräglage zu unserer Überzeugung und unserer authentischen Elternschaft befinden. Wenn wir uns mit unserer Überzeugung im Lot fühlen, wissen wir genau, dass wir auf dem richtigen Weg sind.

Ich erinnere mich an die Zeit, als Dakota es hasste, die Haare gebürstet zu bekommen. Sie ist ein sehr sensibles Kind, und ich suche Wege, um ihr das Leben zu erleichtern. Am Tage eines Zwischenfalls hinsichtlich des Haarebürstens standen wir gerade wegen eines Zahnarzttermins unter Zeitdruck. Ich fing an, ihre Haare zu bürsten, und sie geriet komplett außer sich. Trotz ihrer Verzweiflung bürstete ich ihre Haare weiter. Sie weinte und sagte, sie hasse mich, und dass sie mich nie, nie wieder ihre Haare bürsten lassen würde.

Nach dieser ganzen Stresssituation kamen wir dennoch zu spät. Ich weiß heute, dass ich mit der Sache sehr viel besser hätte umgehen können. Ich hätte abwarten können, bis wir dort ankommen, um meine Tochter dann zu fragen, ob sie mich ihre Haare bürsten lässt. Sie wäre empfänglicher und ruhiger gewesen, als von meinem Morgenstress überrollt zu werden.

Das klingt vielleicht nach einer ganz gewöhnlichen Familiensituation, aber bei uns zu Hause ist eine solche Situation ganz und gar ungewöhnlich. Indem ich Verbindungslosigkeit, Traurigkeit und Angst in der Beziehung zu meiner Tochter spürte, ließ ich mich wieder an mein inneres Wissen anknüpfen und eine kreative Lösung finden. Es gibt immer eine bessere Art, mit seinen Kindern umzugehen, als sich von Angst, Macht oder Zwang leiten zu lassen. Es ist so viel besser, sich dafür zu entscheiden, zu vertrauen, statt in Angst und Sorge in Beziehung zu treten. Vertrauen Sie ihrem Gefühl, das Ihnen verrät, wenn Sie sich ungebeten in die ›Hoheitsgewässer‹ Ihres Kindes begeben, denn dieses Gefühl trügt selten.

Letztlich war ich dankbar für die Erfahrung mit dem Haarebürsten, die mir diese unglaublichen und widersprüchlichen Gefühle beschert hatte. Lernen Sie von diesen Widersprüchen, die sich ergeben, sobald sie das Terrain des Respekts verlassen. Sobald Sie Dankbarkeit für diese Rückschritte empfinden können, statt sich in Schuld zu baden, werden Sie mehr Güte und Dankbarkeit empfinden. Gewissensbisse ziehen lediglich noch mehr Situationen mit Gewissensbissen an. Suchen Sie Dankbarkeit in jeder Interaktion zu finden und feiern Sie diese Rückschritte als persönliches Wachstum.

Authentische Elternschaft

Wie Eltern auf ihr Kind reagieren, kann sehr verschieden sein, je nachdem, was sich für jeden von uns authentisch anfühlt. Keiner muss von der konventionellen Erziehung nahtlos zum perfekten Unschooling wechseln. Außerdem existiert kein feststehendes Konzept dafür. Für Unschooling-Eltern ist es wichtig, authentisch zu sein und zu tun, was sich jeweils für sie richtig anfühlt bei ihrem Versuch, Respekt, Zugewandtheit und Vertrauen für und in ihre Kinder unter einen Hut zu bringen.

Sobald angespannte oder negative Situationen hochkommen, gehen Sie einen Schritt zurück. Es handelt sich dabei um einen Moment in Ihrer Eltern-Kind-Beziehung, in dem Sie sich als Eltern so verhalten, wie Sie es nicht wollen. Fahren Sie sich dort nicht fest. Sehen Sie das Ganze in einem größeren Zusammenhang: Sie haben soeben eine wunderbare Lernerfahrung hinter sich gebracht, die Sie zu einem besseren Elternteil macht. Machen Sie sich von Gewissensbissen und Schuld los und wechseln Sie zu Wertschätzung und Freude. Wir machen häufig zwei Schritte vor, einen zurück. Sehen Sie, welches Geschenk im Verständnis dieses persönlichen Wachstumsprozesses liegt?

Ich genieße es, für Authentizität zu werben – einfach wir selbst zu sein, was täglich anders aussehen kann. Eines Tages werden Sie vielleicht auf verschüttete Milch mit »Ach, herrje!« reagieren und hinzufügen: »Das wischen wir einfach mit einem Handtuch auf.« Und ein andermal vielleicht mit »Huch! Macht nichts.«

Entscheidend ist, dass Sie gar kein Konzept brauchen, das für alles die ›richtige‹ Antwort bereithält. Sie sind einfach echt und authentisch, und geben Ihren natürlichen Gefühlen Ausdruck. Ihre Kinder erfahren, welche Möglichkeiten an Haltungen es im Leben gibt, indem sie Sie beobachten, wie Sie leben. Sie können einfach auf authentische Weise und bedenkenlos ihre Gedanken aussprechen: »Was soll ich jetzt machen? Was würde mir jetzt die konventionelle Erziehung empfehlen? ›Zeit für eine Auszeit!‹ ›Du setzt dich jetzt für fünf Minuten auf den Stillen Stuhl.‹ ›Und du entschuldigst dich sofort bei Mama.‹«

Sie müssen nun auch nicht aufs andere Extrem hinüberschwenken und eine Ihrer Ansicht nach gute Unschooling-Antwort geben. **Bewegen Sie sich einfach nur in verständnisvollem und respektvollem Fahrwasser und lassen Sie**

dann die Worte fließen. Eine vordefinierte, unnatürlich-mechanische Reaktion geht an den Bedürfnissen Ihres Kindes vorbei und rücken stattdessen Ihr Bedürfnis in den Vordergrund, eine ›gute Mutter‹ oder ein ›guter Vater‹ sein zu wollen. Keine Bange, gehen Sie einfach im Moment auf!

Unschooling-Moment

Devin war schon immer sehr an anderen Kulturen interessiert. Kurz nachdem er durch einen tollen Dokumentarfilm im Fernsehen erstmalig etwas über die Kultur des Maya-Volkes zu lernen begann, buchten wir eine Kreuzschifffahrt in der Karibik mit einem Halt in Mexiko, so dass er sich die Ruinen und Pyramiden der Maya-Kultur ansehen konnte. Wir lernen alle gemeinsam ein wenig Spanisch vor unserer Reise im nächsten Jahr.

Seit unserem Besuch im *Epcot Center*[1] in Disneyland in Florida, entwickelte er eine Leidenschaft für die chinesische Kultur. Er sagte mir, er würde wirklich gern nach China reisen. Meine nächste Aufgabe besteht daraus, irgendwie eine Reise dorthin auf die Beine zu stellen.

Unsere Kinder sind in der Lage, in ihre Interessen einzutauchen, ohne dass jemand ihnen vorgeben müsste, wann sie ihre Tätigkeit beginnen und wann sie aufhören sollen.

Sie gehen nach eigenem Gutdünken über zum nächsten Thema und nicht, weil jemand sie dazu drängt. Sie können was immer sie wünschen vertiefen, soweit sie wollen.

Devin wird voraussichtlich die ganz nächste Woche mit Schreiben und Sprechen verbringen.

Zum Thema China: Bis jetzt haben wir das Internet nach Bildern von China durchkämmt. Wir haben jedes Video und jede Fernsehsendung über die chinesische Kultur gesehen, die

---

1 Anm. d. Ü.: Der zweitgrößte Vergnügungspark der Walt Disney World in Orlando/Florida zu den Themen internationale Kultur und technische Innovationen (Eröffnung 1982)

wir ausfindig machen konnten, und waren in diesem Rahmen sogar mit Freunden chinesisch essen. An der Liste zum Thema arbeiten wir weiter.

Es ist gerade 22 Uhr, und wenn die meisten Kinder schlafen, ist mein Sohn noch wach und geht seinem derzeitigen Interesse nach. Ich gehe jetzt ins Bett, aber bevor ich nach oben gehe und mich zu meinen warmen Babys, Ivy und Orion, kuschele, umarme ich ihn, gebe ihm einen Gutenachtkuss und wünsche ihm eine gute Nacht. Wenn Kinder an einer Sache interessiert sind, lernen sie es aus eigenem Willen und mit Genuss. Sie können soviel oder sowenig Zeit damit verbringen, wie sie dafür benötigen. Ich denke, das ist individuell unterschiedlich und insofern wertvoll.

Es gibt keinen Druck, keinen Zwang, keine Noten, kein Messen ihres Wissens. Nichts schiebt sich zwischen ihre Träume und Ziele. Unbeschulte Kinder lernen genauso viel wie beschulte Kinder, doch das Wissen ist von Kind zu Kind unterschiedlich und hat eine ganz individuelle Ausrichtung.

Ich bin mir sicher, wir werden China eines Tages als Familie bereisen. Solange werden Devin und ich unsere Familienwunschtafel neu bestücken – mit einem Bild der »Großen Chinesischen Mauer«.

Selbstliebe und Verständnis

Wir Praktizierende des Radical Unschooling sind die Speerspitze des neuen Denkens, die Speerspitze einer neuen Elternschaft. Wir leiten eine neue Ära der Eltern-Kind-Beziehung ein, indem wir das Bewusstsein und die Aufmerksamkeit bezüglich der Bedeutung von Familie und unserer Rolle als Eltern verändern. Die Reise, auf die man sich mit dem Unschooling begibt, kann schwierig sein. Schließlich wurden wir ganz anders erzogen, als wir jetzt mit unseren Kindern umgehen.

In Momenten, da unsere Kraftreserven aufgebraucht sind oder wir ganz einfach ratlos sind, greifen wir oft auf Muster aus unserer Erziehungsgeschichte zurück, erinnern uns an das, was uns angetan wurde und wie wir als Kind behandelt wurden.

Seien Sie in solchen angespannten Momenten gütig mit sich selbst. Machen Sie sich bewusst, dass Sie aus Ihrem jeweiligen Wissenstand heraus schon Ihr Möglichstes tun. Wenden Sie diesen Glaubenssatz auf sich selbst an. Schließlich lernen die Kinder, so mit sich umzugehen, wie Sie mit sich umgehen. Erinnern Sie sich daran, dass, indem Sie sich für sich anstrengen, Sie es auch für Ihre Kinder tun.

Einmal auf dem Weg des Radical Unschooling kommt der Moment, in dem Sie sich nicht mehr Gedanken um das Wie machen müssen, sondern es in Fleisch und Blut übergegangen ist. Sie haben Ihre eigene Überzeugung gefunden.

Sollten Sie entschieden haben, die Beschränkung bezüglich des Fernsehens aufzuheben, jedoch innerlich einen Konflikt darüber ausfechten, ob sie Ihrer eigenen Entscheidung überhaupt vertrauen, werden die Kinder das bemerken. Sie erlauben ihnen nicht auf authentische Weise, frei zu sein, sondern nur scheinbar. Ohne sich in ein wirkliches Verständnis und Vertrauen in das Radical Unschooling einzulassen, können Sie auch nicht sehen und erfahren, wie ein Leben ohne Beschränkungen tatsächlich aussieht.

Unsere Kinder sind stark mit uns verbunden – insbesondere, wenn sie die Bindung des Attachment Parenting erfahren haben. Sie erfahren die Schwingungen einer Haltung viel stärker als das, was wir sagen. Sie können sagen »Guck soviel Fernsehen, wie du willst. Ich vertraue dir.« Wenn tatsächlich kein Vertrauen da ist, werden Ihre Kinder das spüren und auf Ihren inneren Konflikt anders reagieren als auf ein Elternteil, das sich dem Konzept des Radical Unschooling in Körper, Geist und Seele geöffnet hat.

Noch wichtiger als Worte oder Taten sind, was Sie dabei tatsächlich empfinden und welche Art von Kräften Sie aktivieren, um Ihre Gefühle zu vermitteln.

Im Radical Unschooling gehen wir davon aus, dass die Verbindung zu unseren Kindern über das Fassbare hinausgeht und dass es wichtig ist, ihnen und uns selbst gegenüber treu zu sein. Unsere Kinder können einen Mangel an Authentizität von weitem ausmachen. Ich liebe es, wie sie sind.

Finden Sie Ihr Gleichgewicht

Wenn Leute sich mit dem Radical Unschooling vertraut machen, haben sie den Eindruck, dass wir uns den elterlichen Bedürfnissen nicht in dem Maße widmen, wie es im Rahmen der konventionellen Erziehung geschieht. Sie empfinden es so, als müsse nun das Pendel ganz in die andere Richtung ausschlagen und sie sich ausschließlich den Bedürfnissen des Kindes zuwenden. Das beruht auf dem Entweder-oder-Denken, das uns beim Aufwachsen in unserer Gesellschaft vermittelt wurde. Unschooling ist ein hervorragend ausgeglichener Raum in der Mitte zwischen diesen beiden Extremen.

Manche Leute berichten mir, dass das Unschooling für sie nicht funktioniert hat, da sie fälschlicherweise annahmen, dass Eltern ungeachtet ihrer eigenen Disposition jederzeit die Wünsche ihrer Kinder erfüllen müssten. Sie hatten ihre eigenen Bedürfnisse auf Eis gelegt. Darum geht es im Unschooling nicht. Diese irrige Annahme führt dazu, dass das Radical Unschooling negativ bewertet wird.

Beim Unschooling gibt es das Modell ›wir gegen sie‹ nicht. Unschooling bedeutet, dass Mittel und Wege gefunden werden, um die Bedürfnisse aller gleichzeitig zu erfüllen. Genau das wird von Hunderttausenden von Familien weltweit gelebt.

Wir zeigen auf diese Weise, wie der Weltfrieden Realität werden kann. Wir leben einen Traum, den die meisten Menschen nicht fassen können, und die Entweder-oder-Mentalität spielt ebenso eine Rolle im Missverständnis des Radical Unschooling.

Ein Umdenken in der Lebenshaltung gehört mit zum Lernprozess, wenn sich jemand der Lebensart im Radical Unschooling stellt. Darüber hinaus machen Eltern auf dem Weg des Radical Unschooling häufig die Erfahrung, dass sie zwar um die negativen Folgen von autoritärer und bestrafender Erziehung wissen, aber nicht, womit sie die konventionelle Erziehungspraktiken im einzelnen ersetzen können. Sie wissen zwar, was sie wollen, aber nicht, wie sie dorthin kommen. Sie legen die Eltern-Kind-Beziehung als komplett interventionsfrei aus. In der Gemeinschaft der Unschooler werden diese oft als ›unparenting‹-Eltern, als Laissez-faire-Eltern bezeichnet.

Ich habe Wut und Frustration bei Eltern erlebt, die den Weg des Unschooling gehen wollten. Mir ist bewusst geworden, dass diese Erfahrung wohl ein wichtiger Teil des Lernprozesses für diese Eltern ist. Sie wissen, was sie nicht wollen, und befinden sich im Prozess, selbst zu lernen, wie sie in Beziehung zu ihren Kindern treten wollen. Manche Eltern werden den Lernweg zu ihrer neuen Rolle gar nicht weiter verfolgen, doch die meisten werden dabeibleiben. Wir können Eltern, die auf halbem Wege sind, ebenso Liebe und Wertschätzung in dem Wissen entgegenbringen, dass sie wie wir alle zum gegebenen Zeitpunkt und gemäß ihrem Wissensstand jeweils ihr Bestes geben.

Wir können ihnen Unterstützung und Praxisanleitung anbieten, wenn wir merken, dass sie in Bezug auf ihre Rolle als

Eltern des Radical Unschooling durcheinander sind. Der Paradigmenwechsel ist so grundlegend, dass man in der Tat darin einen Sprung im Verlauf der Menschheitsgeschichte sehen kann. Wir bahnen den Weg für Änderungen in *allem* was wir dachten, über Eltern-Kind-Beziehung, Respekt und Freiheit zu wissen. Dieses radikale Konzept auf jede Begegnung anzuwenden, wird dem gesellschaftlichen Denken einen großen Ruck verpassen. Indem wir unsere Überzeugungen tatsächlich leben, lernen unsere Kinder, dass dies ein wunderbarer Weg des menschlichen Zusammenlebens ist. **Wegzukommen von Kontrolle, Beurteilung und Frust und Hinwendung zu Verbindung, Verständnis und Güte ist das Höchste im Leben – sowohl für unsere Kinder als auch für uns.**

Die Macht des ›Ja‹

Meine Tochter Dakota fordert mich sehr. Sie duldet kein ›Nein‹, niemals! Also versuche ich, mein Anliegen irgendwie in die Form eines ›Ja‹ zu bekommen. Ich meine damit nicht, dass ich alles stehen- und liegenlasse und jeder ihrer Bitte sofort nachkomme, sondern sage vielleicht: »Ah, das könnte Spaß machen. Ich würde gerne Candy Land mit dir spielen. Lass mich nur kurz das hier zu Ende bringen.« Ich halte eine positive, optimistische Stimmung der Verbundenheit zu Dakota aufrecht. Ihr reicht eine Sekunde von ›Nein‹-Schwingung, um einen innerlichen Rückzieher zu machen und sofort entfaltet sich ein Machtkampf zwischen uns.

Sicher, Machtkämpfe sind in konventioneller Erziehung etwas ganz Alltägliches, aber ich lehne es ab, die Wand zwischen Dakota und ihren Wünschen im Leben zu spielen. Dakota ist eine sehr kraftvolle Schöpferin. Sie hat einen unendlich starken Willen und das schätze ich an ihr. Ich schätze auch die Tatsache, dass ich nicht alles jederzeit für sie stehen- und liegenlassen kann, aber ich vermittle ihr, dass ›Ja‹ im Vordergrund steht. Ich konzentriere mich im Gespräch mit ihr auf die positiven Möglichkeiten um sie herum. Sie vertraut darauf und hilft mir das zu beenden, was ich gerade tue, damit wir uns dem zuwenden können, was sie gerne machen möchte. Ich habe gelernt, ein feines Gleichgewicht zu halten zwischen dem Erfüllen ihrer emotionalen und konkreten Bedürfnisse einerseits und meiner eigenen andererseits.

Als Dakota zwei Jahre alt war, schrie sie los, wenn ich zu lange brauchte, um ihr etwas zu bringen, was sie haben wollte. Die meisten Eltern von uns werden in solchen angespannten Situationen von den alten Erziehungsstimmen aufgesucht: »Ich komme mir wie ein Sklave vor. Mein Kind kommandiert mich herum.« Gleichzeitig weiß die andere Seite: »Sie gibt ihr Bestes. Meine Aufgabe ist doch, ihr zu helfen. Ich bin ihr Partner.« Konzentrieren Sie sich auf das Bedürfnis, nicht auf das Verhalten. Dann schaltet sich gegebenenfalls die Stimme Ihrer Mutter ein: »Lass es nicht zu, dass sie so mit dir umspringt.« Zu Beginn der neuen Eltern-Kind-Beziehung hören wir diese einander widersprechenden Stimmen häufig, bis wir eine finden, die sich für uns am stimmigsten anfühlt. Das ist ganz normal.

Ich finde es wichtig, dass ich dem nachkomme, was ich vorher angekündigt habe. Wenn ich verspreche, *Candy Land* zu spielen, nachdem ich beendet habe, was ich gerade tue, will ich auch gern zu meinem Wort stehen. Nichts nagt mehr am Vertrauen zwischen Eltern und Kind, wenn ein Elternteil ständig vertröstet und nie hält, was er versprochen hat. Meine Kinder sprechen mich darauf an, sie erinnern mich an mein Versprechen, falls ich es einmal vergesse. Mir ist es möglich, ehrlich und integer innerhalb unserer Lebensvorsätze zu sein, so dass ich mich mit derselben Aufrichtigkeit entschuldige, als hätte ich eine Essensverabredung mit einer Freundin vergessen.

Unsere Ängste

Vor vielen Jahren war ich in Sorge, ob diese Art der Eltern-Kind-Beziehung funktionieren würde, weil Dakota als Kind so empfindsam war. Ich fragte mich: »Was mache ich bloß falsch? Soll diese Art des Umgangs nicht eigentlich den Effekt haben, dass Kinder geduldiger werden und nicht so anspruchsvoll sind? Und dass sie aufgrund meiner freundlichen Umgangsart ebenso freundlich im Umgang werden wie ich?« Mir wurde bewusst, dass ich meinen Umgang zu Beginn ihres Lebens gezielt einsetzte, um ihr Verhalten zu lenken. Letztlich sollte mir klarwerden, dass die Beweggründe für mein Handeln damals, als Dakota zwei-drei Jahre alt war, nicht angebracht waren. *Ich tat zwar die richtigen Dinge, aber mit der falschen Intention. Ich erkannte, dass es sich hierbei um eine weitere Form der Kontrolle handelte. Ich benutzte einen friedvollen Umgang und versuchte auf diese Weise, das Verhalten meines Kindes zu lenken.*

Ist das nicht verrückt? Aber mir war es nicht bewusst, als ich es tat. Erst mit der Zeit fiel mir auf, wie der respektvolle und friedliche Umgang auf ihre Persönlichkeit wirkte. Bei manchen Kindern erzeugt ein gütiger Umgang unmittelbar Güte. Bei anderen braucht es Zeit. Falls also jemand denken sollte, dass diese Art der Beziehung nicht funktioniere, möge wissen, dass es uns auch so erging. Glauben Sie mir, dieses Erziehungskonzept ist keine neue, sanfte Methode, um das Verhalten eines Kindes zu lenken. Anstelle der Kontrolle tritt die Verbindung.

Laut neuerer Statistiken ist jedes vierte Kind sehr empfindsam. Als ich das erfuhr, überlegte ich, ob es nicht einfach sein könnte, dass mein Töchterlein von Natur aus sehr empfindsam ist. In einer konventionellen Erziehungsumgebung würde Dakotas Seelennatur zermalmt werden, auch wenn ihre Empfindsamkeit mit Sicherheit bestehen bliebe. Ihr würden

Medikamente verabreicht, sie würde bestraft werden und dabei würde sie um ihre erstaunliche Gabe gebracht, mit der sie unbeirrt an der Umsetzung ihrer Vorstellungen für sich und ihr Leben arbeitet.

Ihre Empfindsamkeit wird ihr als Erwachsene dienlich sein. Sie wird erreichen, was sie sich vornimmt. Ein ›Nein‹ wird sie nicht daran hindern, die von ihr anvisierte Karriere zu machen. Sie wird leidenschaftlich und zielorientiert sein. **Alle Eigenschaften, die bei Kindern als negativ gelten, werden bei Erwachsenen hoch geschätzt.** Was bringt uns heutzutage dazu, unseren Kindern solche Eigenschaften unter Einsatz von Medikamenten abzugewöhnen? Es geht offenbar nur darum, das Leben Erwachsener im Umgang mit solchen Kindern zu erleichtern.

Ich bin so froh, die wahre Natur meiner Tochter zu begreifen und aus einem gewissen Abstand heraus zu wissen, dass es gilt, ihre Empfindsamkeit als Geschenk zu feiern.

Ergebnis: irrelevant

Konventionelle Erziehung ist ergebnisorientiert. Beim Unschooling beobachten wir unsere Kinder beim Lernen und teilen die Leidenschaft der Kinder. Das Tollste am Radical Unschooling ist das Teilhaben an diesen ersten Entdeckungen. Es ist eine große Ehre, das mitverfolgen zu dürfen! Externe Motivation ist nicht nötig, Anreize oder Belohnungen ebensowenig. Kinder lernen, weil sie es so wollen, nicht um es irgendwem rechtzumachen.

Vielleicht machen Sie sich Sorgen um die Zukunft Ihres Kindes, wenn Sie sich seiner Negativität bewusst werden. An einem anderen Tag fühlen Sie sich der Aufgabe, das Lernen zu unterstützen, vielleicht nicht gewachsen. Authentische Eltern zu sein gibt uns die Möglichkeit, zu sagen: »Mir ist durch ihr Verhalten klar, dass ihr das wichtiger ist, als ich dachte.« **Das Unschooling bietet Eltern die Freiheit, nicht recht haben, nicht konsequent sein und nicht all den Stimmen in der Gesellschaft gehorchen zu müssen, wie sie vielleicht glauben.**

Es gibt vielleicht Momente von *Echtheit*, wenn Sie Ihr Kind anschreien, und nach denen Sie sich – ebenso authentisch – entschuldigen: »Es tut mir leid, dass ich gebrüllt habe, Liebes. Ich habe so einen Hunger, und ich bin gereizt, wenn ich nicht esse, wenn ich etwas essen sollte.« Meine Kinder würden darauf antworten: »Mama, du musst jetzt was essen.« Meine Kinder kennen mich in diesem Punkt – selbst meine nunmehr vierjährige Tochter Ivy. Sie weiß, es liegt nicht an ihr, wenn ich mürrisch bin. Sie weiß, dass ich Bedürfnisse habe, die erfüllt werden müssen, damit ich mich wieder gut fühle. Indem ich Bedürfnisse der Kinder wertschätze und erfülle, und ich diese und nicht ihr Verhalten im Blick habe, haben sie dasselbe in Bezug auf andere Menschen gelernt! Das erlebe ich jeden Tag aufs Neue. Sie sind fürsorglich, verständnis- und liebevoll, und haben das durch unseren Umgang mit ihnen gelernt.

Um Verzeihung zu bitten, ist gut, echt und menschlich. Es gibt nichts, das man nicht wieder gutmachen kann. Kinder lernen das auch. Ich habe zum Beispiel mitbekommen, dass meine Tochter schreit und sich hinterher bei ihrer Schwester dafür entschuldigt. Die Kinder müssen nicht makellos sein. Wir bemühen uns, so gute Eltern zu sein wie möglich. Einen neuen Umgang zwischen Eltern und Kindern zu erlernen, braucht auch seine Zeit. Wir sind keine schlechten Eltern, nur weil wir manchmal reagieren, wie wir erzogen wurden. Ich wiederhole es gerne: Wenn wir mehr als die Hälfte der Zeit die Eltern sein können, die wir sein möchten, haben wir es weit gebracht! Als authentische Eltern und mit dem guten Vorsatz, unseren Kindern zuliebe für Freiheit, Respekt, Frieden und Freude zu sorgen, sind wir außerdem perfekt!

KAPITEL 8

Respekt – auch in der Partnerschaft

Sei wer du bist und sage, was du denkst, denn
wer sich daran stört, der hat keine Bedeutung und
wer von Bedeutung ist, den stört es nicht.

Dr. Seuss[1]

Lernkurven sind erlaubt

Auf folgenden Aspekt des Unschooling komme ich häufiger zu sprechen: Wie bringt jemand seinem Lebenspartner den Umgang im Radical Unschooling nahe, wenn dieser Elternteil früher darauf gestoßen ist als der andere. Wenn einer der Partner bereits viel über diese neue Form der Eltern-Kind-Beziehung gelernt hat, kann es sein, dass dieser sich so aufgeklärt fühlt, dass er seinen Partner schilt, sobald jener sich strafend oder autoritär verhält. Es kann eine Herausforderung sein, unseren Partnern denselben Respekt, dieselbe Güte und dasselbe Vertrauen zu zollen wie unseren Kindern.

Es ist wichtig, dass ich denselben Weg nicht nur mit meinen Kindern, sondern auch mit meinem Partner gehe. Mich den Bedürfnissen von Joe zuzuwenden, die seinem Umgang mit den Kindern zugrundelagen, war für mich zu Beginn unserer ›Reise‹ sehr schwierig. Wenn er die Kinder anschrie, wurde ich sehr wütend und sagte, dass er sich ›falsch‹ verhalte. In der

---

1 Anm. d. Ü.: alias Theodor Seuss Geisel, US-amerikanischer Kinderbuch-Autor und Cartoonzeichner (1904 - 1991)

Eskalation reagierten wir beide nur noch negativ aufeinander, was zur Folge hatte, dass es mit uns als Paar wie in einer Spirale abwärts ging. Ich lernte mit der Zeit, mich Joes Bedürfnissen ebenso zu widmen wie denen aller anderen. Ich weiß, er macht jederzeit das beste aus dem, was er weiß.

Es kommt jetzt selten vor, dass er laut wird und eine autoritäre Erziehungshaltung einnimmt, doch wenn er es tut, habe ich das Gefühl, dass er ebensowenig bestraft oder beschimpft werden muss wie die Kinder. Ich respektiere und versuche zu verstehen, dass er seinen eigenen Weg gehen muss. Unser Leben hat sich zum Besten entwickelt, seit ich diesen Ansatz gleichermaßen auf ihn und die Kinder sowie auf jeden Menschen um mich herum anwende.

Ich kann fragen: »Was frustriert dich denn, Liebling? Wie kann ich helfen?« So, wie wir unseren Kindern helfen, können wir auch unseren Lebenspartnern helfen, das zu bekommen, was sie brauchen. **Sich bewusst zu machen, wie wichtig die Bedürfnisse unseres Lebenspartners, die unserer Kinder und unsere eigenen Bedürfnisse sind, ist essenziell für die Harmonie in der Familie.**

Ist unserer Lebenspartner noch nicht mit dem Weg des Unschooling vertraut, zolle ich ihm denselben Respekt wie den Kindern, auf seine Weise zu lernen und räume ihm genauso die Zeit ein, die er dafür benötigt. Mir ist klar, dass die einzige Motivation, aus der heraus jemand lernt, aus ihm selbst erwächst, und nicht von einem anderen Menschen kommt, der ihm sagt, was oder wie er lernen solle.

Das Unschooling ermutigt uns, unserem Partner zu vertrauen, indem wir umsetzen, wofür wir eintreten. Wenn wir ein neues Lebenskonzept wie das Radical Unschooling oder das Peaceful Parenting kennenlernen, wird oft einer von beiden der Recherchiersüchtige, indem er Foren, Bücher und neue Informationen durchforstet.

Es kommt einer Doppelmoral gleich, den Kindern gegenüber einen fried- und respektvollen Ansatz zu verfolgen, und den Lebenspartner oder andere davon auszuschließen. Es geht hier um einen ganzheitlichen Lebensansatz. Mein Vorschlag ist dahingehend, dass Sie sich gemeinsame Zeit gönnen, um über Unschooling-Themen zu sprechen, zu lesen und einander an Ihren Erfahrung teilhaben lassen.

Es hat lange gedauert, bis ich keine Kontrolle über meinen Mann auszuüben suchte, wenn ich ihn Dinge tun sah, die ich nicht tun würde. Wenn er die Kinder anschrie, weil er frustriert war, pflegte ich davor zu sagen: »Hör auf zu schreien. Du tust ihnen weh. Du kannst wenigstens freundlich sein. Freundlichkeit erzeugt wiederum Freundlichkeit.« Ich hatte ihm Vorträge darüber gehalten, wie eine tolle Eltern-Kind-Beziehung aussähe, wie ich sie meiner Meinung nach aufgebaut hatte. Das war allerdings kontraproduktiv – meine Kinder lernten wiederum von mir, wie Konflikte zu meistern seien. Ich warb damit nicht gerade für eine friedvolle Eltern-Kind-Beziehung, schließlich bewegte sich unsere Paarbeziehung im Rahmen von Misstrauen und Streit.

Mein größer Lernerfolg war, die Kontrolle loszulassen und meinen Lebenspartner so sein zu lassen, wie er es brauchte. Jedes Elternteil hat seine eigene, individuelle Lernkurve.

Auf diese Weise lernen wir als Eltern dazu, wir wachsen durch die eigene Erfahrung. Wachsen ist wie das Klettern auf einer Leiter. Auf dem Weg des Unschooling gehen wir einfach stetig weiter. Das beinhaltet auch, sich vom anderen Elternteil helfen zu lassen, und nicht auf Experten zu hören.

Wie sonst könnten unsere Kinder lernen, wenn nicht dadurch, dass sie sehen, wie wir Erwachsenen interagieren? Seien Sie partnerschaftlich. Partner hören nicht gern, wenn man zu ihnen sagt: »Schrei nicht so herum. Warum tust du das? Du tust den Kindern damit weh!« Finden Sie stattdessen heraus, was Ihr Partner gerade benötigt. Was ist seine bzw. ihre Sorge? Welches Gefühl steht hinter seinem bzw. ihrem Bedürfnis laut zu werden? Wie können Sie ihm bzw. ihr in dieser Situation helfen?

Außerdem glaube ich, dass Väter sinnvollerweise eine andere Beziehung zu ihren Kindern haben als Mütter. Diesen natürlichen Aspekt zu akzeptieren, wie ihn das Leben vorgibt, war ein enormer Schritt für mich. Mütter und Väter gehen ihre Elternrolle von Natur aus unterschiedlich an. Joe muss nicht sein wie ich und nicht tun, was ich tue. Es war eine echte Erkenntnis für mich, als ich entdeckte, dass Joe nicht genau dieselbe Beziehung zu den Kindern haben musste wie ich, damit wir als Familie harmonisch miteinander zusammenleben konnten.

Unschooling-Moment

Eine Unschooling-Mutter erzählte einmal folgende Geschichte: »Meinem Mann fällt es schwer, sich selbst zu vertrauen, also ahmte er meine Art nach, mit den Kindern umzugehen. Er weiß einfach nicht, wie er es machen soll, und daher ahmt er meinen Stil nach, aber er ist damit nicht zufrieden. Im Ergebnis spüre ich so eine unglaubliche Last, es immer richtig zu machen und immer perfekt zu sein. Das Thema begleitet uns ständig.«

Meine Antwort darauf lautete: Die Mehrheit der Gesellschaft erzieht nicht nach Unschooling-Manier, so dass Unschooling praktizierende Eltern sich auf ihre Intuition verlassen müssen, und das entspricht der wahren elterlichen Natur. Manche Väter suchen nach einer etwas formaleren Richtlinie oder Einweisung bezüglich der Eltern-Kind-Beziehung. Je mehr wir im Unschooling verwurzelt sind, desto natürlicher gehen wir in friedvoller Weise auf unsere Kinder und Partner ein.

Ein Unschooling-Vater erläuterte mir einst seinen Standpunkt folgendermaßen: »Ich glaube, Mütter verfügen über einen Instinkt, weil sie die Nähe zum Baby haben. Ich denke, für Väter ist die Gefahr größer, in alte Muster zu verfallen, mit denen sie selbst großgeworden sind, weil ein Vater es gewohnt ist, zwanzig, dreißig oder gar vierzig Jahre lang ›ja‹, ›nein‹, ›hör damit auf‹, oder ›tu, was ich dir sage‹ zu hören.

Dann fährt dir deine Frau plötzlich über den Mund: ›Nein, nicht so!‹ Auch wenn wir Väter uns an eine neue Art gewöhnen und diese vielleicht mögen, so fällt es uns dennoch schwer, diese eingefahrenen Gleise zu verlassen, weil wir von Vaters und Großvaters Art nicht loskommen.«

Manche Väter erfahren vielleicht einen Machtverlust, wenn sie nicht weiterwissen. In ihrer Enttäuschung sagen sie ihrer Partnerin vielleicht, »dann mach du es doch, da du offenbar diejenige bist, die es richtig macht.« Ein Vater hat es eventuell schwer, eine instinktive Beziehung zu seinen Kindern aufzubauen, weil seine eigene Erziehung und Mentalität ihn daran hindern.

Das erinnert mich an eine wichtige Frage: Wird Instinkt durch Erziehung geformt? Ist Erziehung Teil des Instinkts? Oder ist Instinkt eher etwas Urtümliches, Triebhaftes? Ich kann in meinem Partner den Instinkt erkennen, eine Autorität sein zu wollen. Er möchte gerne, das man ihm gehorcht. Er möchte, dass die Kinder auf ihn hören. Er ist nun endlich mal an der Reihe, den Ton anzugeben, nachdem er so lange in autoritärer Art erzogen wurde.

Das Bedürfnis nach Gehorsam spielt für die allermeisten Väter offenbar eine enorme Rolle. Für mich ist es ein Leichtes, nicht mit der Erwartung nach Gehorsam zu leben, da ich durch das Attachment Parenting von Anfang an das Konzept der Partnerschaft gelebt habe. Doch manchmal empfinde ich Bedauern für meinen Partner, weil seine Beziehung zu den Kindern nicht so aussieht, wie er es sich erträumt hat.

Joes Sicht der Dinge

Einige Mütter wollten von Joe wissen, wie sie am besten mit einem Partner umgehen konnten, der ein Machtwort sprechen wollte, weil sie die Kinder in Schutz nahmen. Joe antwortete folgendermaßen: »Ich erinnere mich daran, wie Dayna vorsichtig äußerte, dass ich mich zurückhalten solle. Das war hart für mich. Egal, wie sie es zum Ausdruck brachte, ich fühlte mich immer in der Defensive, wie Männer es zu tun pflegen. Das ist der Grund, warum wir heute Kriege führen – wir fühlen uns in der Defensive.«

Joe schlägt daher vor, dass Frauen ihrem Partner gegebenenfalls auf taktvolle Weise mitteilen: »Können wir das vielleicht nur eine Minute lang ausprobieren?« Oder wie können Sie Ihren Partner auf behutsame, freundlichere Weise darum bitten? Angenommen, Ihr Partner hat das Konzept als solches noch nicht verstanden, dann würde ich ihm eine Brücke bauen, indem ich vorschlage: »Ich würde das nächste Mal etwas ausprobieren wollen, wenn er deinen Rasierer das Klo hinunterspült. Meinst du, es ist möglich, ohne dass du in die Defensive gehst oder dich ärgerst?«

Oder versuchen Sie folgende Aussage: »Ich beharre nicht auf dieser Strategie, und ich möchte gar nicht, dass du in die Defensive gerätst.« Die Väter befinden sich in einem Kreislauf der Abwehrhaltung. Sie können vielleicht auch sagen: »Können wir das nächste Mal, wenn sie das Müsli auf dem Teppich ausschüttet, ein einziges Mal meine Strategie ausprobieren?« Nach elf-zwölf Malen wird er schon sehen, dass Ihr Weg eine sinnvolle Alternative darstellt.

Sich um eine Lösung zu bemühen, die für alle Seiten mit Vorteilen verbunden ist, ist der Schlüssel zur Zufriedenheit. Meiner Meinung nach hat eine intakte Partnerschaft die Priorität in unserer Familie, da diese die Basis für die gesamte Familie darstellt. Wir berücksichtigen diese Erkenntnis im allgemeinen und räumen ihr absolute Priorität ein.

De-Schooling – die Phase der Umgewöhnung

Wir betrieben das Unschooling und verfolgten einen natürlichen Ansatz der Eltern-Kind-Beziehung von Anfang an. Wenn Sie gerade erst damit anfangen, einen Vierzehnjährigen oder eine Vierzehnjährige zu Hause haben, der bzw. die beschult und auf herkömmliche Weise erzogen wurde, werden Sie eventuell eine De-schooling-Phase durchleben, die durch den Wechsel vom einen zum anderen Lebensmodell geprägt ist.

Wenn Sie mit jungen Kindern Unschooling betreiben, ist das Leben natürlich. Es ist fast einfacher für Leute wie wir, die von Anfang an auf diese Weise leben. Man lebt einfach. Es gibt keinen Unterschied zwischen einem Davor und einem Danach. Doch wenn man von der konventionellen Erziehungslandschaft in eine andere wechselt, gilt es, das Bild neu zu malen. Das Gelände unterscheidet sich grundlegend vom einen zum anderen, und gegenseitiger Respekt gegenüber Bedürfnissen hat nunmehr absoluten Vorrang, so dass viele ›Programmierungsfehler‹ rückgängig gemacht werden müssen.

Unschooling-Moment

Ich denke, viele von uns Müttern hatten Angst, bevor sie den Weg zum Unschooling antraten. Es gab vielleicht Momente, in denen wir das Gefühl hatten, es nicht alleine zu schaffen. Ich selbst bin bestimmt nicht perfekt, und es gab Tage, da fühlte ich mich total vom Wege abgekommen. Wenn mein Partner dann nach Hause kam, übernahm er mal für eine Weile die Kinder. Meine Unzufriedenheit kommentierend fragt er: »Bist du dir sicher, dass dies der richtige Weg ist?«

Es könnte wichtig sein, Ihrem Partner, der den ganzen Tag aushäusig ist, und der sich auf dem Weg zum Unschooling einige Schritte hinter Ihnen befindet, zu bedeuten: »Ich bin mir nicht sicher, auf dem richtigen Weg zu sein; ich habe das Bedürfnis, darüber zu sprechen«, und ihm diese Unsicherheit vorzuleben, indem Sie sagen: »Ich weiß nicht. Ich brauche Hilfe. Lass uns gemeinsam überlegen, wie wir am besten auf konkrete Situationen reagieren.« Dann haben Sie ein gemeinsames Ziel.

Eine gemeinsame Strategie ausarbeiten

Arbeiten Sie eine gemeinsame Strategie aus, wie Sie Ihre Eltern-Kind-Beziehung gestalten möchten, selbst solche Einzelheiten wie Signale und Wörter, die Sie verwenden möchten. Vergessen Sie nicht, dass Sie am Stimmungssschalter anderer drehen können. Machen Sie sich bewusst, welche Dinge Ihren Partner in die Defensive drängen und versuchen Sie, diese zu vermeiden.

In unserem Haushalt ist Joe für gewöhnlich in seiner Werkstatt und ich bin sechs Stunden lang mit den vier Kindern allein. An manchen Tagen spüre ich, wie mein Geduldsfaden reißt und ich die Art Mutter werde, die ich nicht sein möchte. Dann gehe ich hinaus zu Joe, wir albern ein bisschen herum und ich sage dann: »Ich muss ein wenig auftanken.« Dann klatschen wir uns – wie abgesprochen – ab, als würden wir einen Teamwechsel vornehmen und sagen in Spielermanier: »Du bist dran! Viel Glück!« Als nächstes wird Joe eine Weile bei den Kindern sein.

Ich habe das Terrain allerdings so vorbereitet, dass Joes Fähigkeit, geduldig zu sein, zum Einsatz kommen kann. Ich hätte auch in seine Werkstatt gehen und ihm sagen können: »Ich drehe gleich durch. Diese Kinder bringen mich heute zur Verzweiflung. Bitte geh du einen Moment rein und kümmere dich um sie.« Dann würde Joe denken: »Ich werde dir helfen. Ich bringe sie zur Vernunft. Ich gehe da jetzt rein und rette dich.«

Darum geht es mir in dem Moment nicht. Ich will lediglich, dass jemand kurz meine Aufgabe übernimmt, während ich die Zeit nutze, wieder aufzutanken.

Welcher Worte ich mich bediene, wie ich mich verhalte und wie ich meinen Wunsch zum Audruck bringe, ist entscheidend dafür, welche Haltung ich in Joe wecke: die der Rettung oder die des Teamgeists. Wenn ich sage: »Meister der Geduld, sind deine Batterien geladen? Kannst du kurz für mich einspringen, Süßer?« wird er entsprechend mit geduldiger, herzlicher Präsenz zu den Kindern gehen. Dieser Schritt ist mir erst nach Versuch und Irrtum gelungen.

Menschen lernen durch ihr Tun. Sehe ich zwischen Joe und den Kindern eine Beziehung, mit der ich im Moment nicht einverstanden bin, mache ich mir bewusst, dass er das in diesem Moment braucht. Dass es sein Entwicklungsweg ist. Er muss diesen Prozess durchlaufen, um eigene Erfahrungen zu machen. Diese Sichtweise hat mir sehr dabei geholfen, loszulassen. Sie hat mir geholfen, die Kontrolle loszulassen.

Gegenseitiger Respekt

Partnerschaften, in denen Verantwortung für Kinder übernommen wird, sind authentisch und von Mitgefühl geprägt. Wir sind da, um unseren Kindern Urvertrauen zu spenden, uns gegenseitig und auch uns selbst. Man könnte meinen, das Ganze klappe, weil es von außen besehen so aussieht, als seien die Kinder fügsam. Doch die Erkenntnis, dass Freundlichkeit Freundlichkeit gebiehrt, hat auch mich umgehauen. So einfach gelingen friedvolle Partnerschaft zwischen Erwachsenen und friedvolle Eltern-Kind-Beziehungen – sich gegenüber anderen freundlich und respektvoll zu verhalten, hilft den anderen zu lernen, dass dies eine wunderbare Art des Lebens ist.

Unsere Kinder sind Spiegel unserer Selbst und unseres Verhaltens. Haben Sie dieses Prinzip einmal in seiner Tiefe erfasst, wird sich in all Ihren Interaktionen etwas verändern. Sie werden strafendes und autoritäres Verhalten hinter sich lassen. Sie werden freundlich, geduldig, verständnis-, liebe- und freudvoll werden. Diese Qualitäten verursachen bei anderen Menschen Wohlgefühl. Ist Wohlgefühl und Glücklichsein nicht das, worum es im Leben geht?

Das Radical Unschooling verändert unsere Sichtweise auf Erziehung. Und darüber hinaus unsere Beziehungen zu anderen generell. Ich schätze das Zitat von Maya Angelou sehr, in dem es heißt: »Der Mensch handelt immer auf der Grundlage seines vorhandenen Wissens. Sobald er es besser weiß, handelt er auch danach.« Ich weiß, dass wir anhand unseres zu einem gegebenen Zeitpunkt bestehenden Wissens bestmöglich handeln. Ich hoffe, dieses Buch wird die Überzeugungen seiner Leser erweitern und sie auf eine neue Ebene des Bewusstseins befördern, was ihre Beziehungen zu Kindern und Partnern anbelangt.

Das Radical Unschooling erfordert, dass wir uns der Gegenwart stellen und das Bedauern der Umstände aufgeben. Denn sonst leiden wir. Wir leiden, wenn wir in der Auffassung verharren, dass die Umstände andere sein sollten. Machen Sie sich bewusst, dass die Dinge genau so sein sollten, wie sie gerade in Ihrem Leben sind.

Ihre Kinder sind perfekt in allem, was sie tun und leben. Ein glückliches Leben im Hier und Jetzt bedeutet schließlich, auch noch in einer Woche, in einem Monat und in einem Jahr glücklich zu sein. Es bedeutet Vorfreude auf eine glückliche Kindheit und ein glückliches Leben. Das ist das Geheimnis, nach dem wir alle gesucht haben. Ergreifen Sie diese Chance.

KAPITEL 9

Ein Leben in Bewusstheit

Alles, was du bist, ist ein Ergebnis dessen, was du denkst.

Buddha

Ich möchte gerne meine persönliche Lebensphilosophie weitergeben, die untrennbar mit meinem Verständnis des Radical Unschooling verbunden ist. Mir ist aufgefallen, dass meine eigene Entwicklung als Unschooling-Mutter einen fortwährenden und kontinuierlichen Prozess darstellt. Bevor ich Kinder hatte und zu diesem Lebenskonzept gelangt bin, fühlte ich nie wirklich spirituelle Veranlagung. Das Radical Unschooling ist solch ein dynamischer Prozess des Lebens im Jetzt, dass es jeden Bereich meines Daseins berührt. Es ist so viel mehr als ein Erziehungs- und Bildungskonzept.

Jeden Tag besinne ich mich darauf, die Dinge positiv zu sehen, und nicht nur darauf, meinen Kindern zu vertrauen, sondern auch dem Universum. Ich übernehme darüber hinaus die Verantwortung für meine Gedanken; das ist mir sehr wichtig. Ich möchte niemals mehr in die Ängste zurückverfallen, die ich kennenlernte, als ich das erste Mal Mutter wurde. Ich erfuhr, dass Angst wiederum Angst erzeugt, so wie Vertrauen wiederum Vertrauen erzeugt. Es ist klar, wofür ich mich entscheide!

Ist Ihnen schon einmal aufgefallen, wie Ihre Stimmung den ganzen Haushalt durchdringt, wenn Sie einen schlechten

Tag haben, und dass jeder es auf seine Weise zu spüren bekommt? Wenn Joe oder eines der Kinder schlechte Laune hat, weiß ich, wir spüren es alle und sind, wenn auch fast unmerklich, davon betroffen. Wir müssen unsere inneren Fähigkeiten nutzen, weil sie dabei helfen, uns unsere eigenen Gedanken und Gefühle bewusst zu machen und auch deren Einfluss auf unsere Familienangehörigen. Häufig wird in diesem Zusammenhang eine Art Wachsamkeit gefordert. Ich assoziiere mit Wachsamkeit allerdings Anstrengung, während Bewusstheit mir ein entspanntes Dasein mit meinen Kindern erlaubt, ich dabei dem Universum vertrauen kann, dankbar und positiver Grundstimmung bin.

Der Anstoß eines positiven Impulses – wie in »Respekt gebiehrt wiederum Respekt« – funktioniert beim Unschooling, indem Sie Ihre Aufmerksamkeit auf etwas richten. **Worauf Sie auch immer Ihre Aufmerksamkeit richten, das erwarten und erhalten Sie schließlich auch.** Ein gutes Beispiel für diesen Wirkungsmechanismus ist folgende Geschichte meines Sohnes Devin.

Er war eines Tages zum Kajakfahren unterwegs mit meinen Schwiegereltern, die drei Kajaks haben. Er kam völlig begeistert zurück und rief: »Mama, ich würde so gerne ein Kajak haben! Ich möchte so gern eins kaufen.« Viele Eltern hätten wohl mit Zweifel in der Stimme reagiert: »Ach, wenn du älter bist, ...« oder »Wenn du dir das selbst zusammensparst ...« Und vielleicht hätte das Kind die vertröstende Stimmung des Elternteils übernommen und den Gedanken nicht weiter verfolgt.

Ich lebe in Bewusstheit und Verbindung mit Devin, daher sagte ich: »Du musst dir lediglich vorstellen, wie es sich *anfühlt*, eines zu besitzen. Dein Universum wird alles für dich in die Wege leiten, damit du eines bekommst. Gedanken werden zu Dingen. Stell es dir vor, wie es sich anfühlt, wenn du in dein Kayak steigen würdest. Spüre diese Aufregung und das

Vertrauen, dass es den Weg zu dir finden wird. Stell dir vor, wie du auf dem Fluss dahinschipperst und fühle deine Freude.« Zwei Tage später fuhr ich an einem privaten Flohmarkt vorbei. Dort stand ein Kajak für fünfundzwanzig Dollar.

Ich fuhr nach Hause und erzählte ihm: »Devin, ich habe ein Kajak mit einem kleinen Loch für fünfundzwanzig Dollar gesehen, das Papa mit Kit ausbessern kann.« Devin war sehr aufgeregt und wollte es von seinem Geld bezahlen. Wir boten ihm an, es ihm zu schenken, aber er wollte es selbst kaufen. Wie fuhren gemeinsam zurück zum Flohmarkt, banden das Kajak auf dem Dach unseres Autos fest und fuhren damit nach Hause. Devin hat sein Kajak manifestiert, und ich bin begeistert, dass er den Erfolg seiner gerichteten Aufmerksamkeit und seines Vertrauens darin, alles im Leben haben zu können, erlebt hat, indem er einfach nur in seine Möglichkeiten vertraut hat.

Ihr Vertrauen in die Lernfähigkeit Ihrer Kinder und Ihr Vertrauen in Ihre Lebensweise reicht durch Ihr Wissen ins Universum hinaus, im Leben das erreichen zu können, was Sie sich wünschen – sei es materieller oder nicht-materieller Art. Ich gebe Ihnen ein Beispiel: Stellen Sie sich vor, dass Sie immerfort zu sich sagen: »Wir haben einfach nicht genug Geld.« In diesem Szenario werden Sie nie genug Geld haben, weil dies der Auftrag ist, den Sie unaufhörlich ans Universum richten. Dasselbe gilt, wenn wir in unserem Leben an unsere Fähigkeit glauben, unser Leben zu bestimmen. Das, woran Sie denken und das, worauf Sie Ihre Aufmerksamkeit richten, wirkt wie ein Auftrag, den Sie dem Universum erteilen. Ob Sie es als gut oder schlecht ansehen, das Universum liefert immer.

Wenn Sie Geld wollen, müssen Sie lernen, Geld zu lieben. Lieben Sie es. Seien Sie dankbar für das, was Sie haben, und behalten Sie Ihre Aufmerksamkeit dort. Es kann nichts Neues in Ihr Leben treten, wenn Sie nicht dankbar sind für das, was Sie bereits besitzen.

Indem Sie möglichst lange in einer positiven, freudvollen Denkart bleiben, ziehen Sie weitere Erfahrungen in Ihrem Leben an, die diese Gefühle nähren. Auf Gefühle bezogen zieht Gleiches Gleiches an. Genau wie Devin Aufgeregtheit einatmete, als er mit seinem Kajak über den See fuhr, so können auch Sie in Dankbarkeit eintauchen für das, was Sie bereits haben. Sie können für sich bekräftigen, dass Sie froh sind, genug Geld zu haben, um ein reichhaltiges, erfülltes Leben im Radical Unschooling zu leben. Sie reichern es weiter an, indem Sie lieben und dafür dankbar sind, was Sie bereits haben.

Sie richten Ihre Aufmerksamkeit auf das, was Sie brauchen oder wünschen und leiten es dann weiter ans Universum. Verhalten Sie sich, als hätte es sich bereits eingestellt oder als ob Sie das Gewünschte bereits erhalten hätten. Seien Sie schließlich offen dafür, wenn Sie etwas anderes erhalten. Manchmal erhalten Sie vom Universum etwas Besseres als das Gewünschte.

Die Prinzipien hierbei heißen Bewusstheit und Anziehung. Wenn Sie zum Beispiel schwanger sind, werden Sie auf einmal auf alle Schwangeren um sich herum aufmerksam. Sie sahen vor Ihrer Schwangerschaft nie welche, da Schwangersein in Ihrem Bewusstsein keine Rolle spielte, obwohl es immer um Sie herum schwangere Frauen gab.

Sie kaufen ein neues Auto. Plötzlich sehen Sie dieses Modell überall. Es gab sie immer, doch Sie werden sich ihrer dadurch bewusst, dass Ihre Aufmerksamkeit auf sie gerichtet ist. Das Prinzip, Ihre Aufmerksamkeit auf Ihre Gedanken zu richten, beruht auf derselben Vorstellung. Sie richten Ihre Aufmerksamkeit auf das, was Sie sich wünschen, so dass Sie es sehen und schließlich vorfinden. Alles, was Sie sich wünschen, ist schon da, aber wenn Sie der Auffassung sind, Sie verdienten es nicht, werden Sie es auch nicht sehen.

Ich wäre für ein Kajak blind gewesen, wenn Devin seine Aufmerksamkeit nicht darauf gerichtet hätte. Da ich ein Leben im Radical Unschooling lebe und meinem Sohn und dem Universum vertraue, war ich dafür offen, diese Möglichkeit auch zu sehen. Seither sind Vertrauen und Möglichkeit immer in meinem Bewusstsein!

Wunschtafeln

Wunschtafeln sind ganz praktisch, damit man sich in die Wünsche hineindenken kann, die man im Leben hat. Eine Korktafel oder ein schwarzes Brett kann als Wunschtafel dienen, auf die man aus einer Zeitschrift ausgeschnittene Bilder oder Wörter, am Computer ausgedruckte Grafiken oder Zeichnungen oder per Hand gemalte Wünsche oder Träume aufklebt bzw. festpinnt. Haben Sie die Wunschtafel immer in Sicht, wird die Aufmerksamkeit immer darauf gerichtet sein und nimmt immer größere Ausmaße in Ihrem Bewusstsein an. Bringen Sie Ihre Wunschtafel also an prominenter Stelle an!

Ich habe vor drei Jahren eine Wunschtafel erstellt, und die meisten Dinge darauf wurden wahr. Ich habe dort z.B. ›Gesundheit für meine Familie‹ stehen, und wir werden selten krank. Ich setzte eine Kreuzfahrt auf meine Wunschtafel, weil ich immer schon auf Kreuzfahrt gehen wollte. Ich habe dort auch ein Wohnmobil angeheftet und ein Mikrophon, weil ich es liebe, über Unschooling zu sprechen. Verstehen Sie, wie es gemeint ist? Seit ich meine Wunschtafel fertiggestellt habe, haben wir ein Wohnmobil gekauft, es steht uns eine Kreuzfahrt bevor, und ich reise rund um den Globus, um über meine Leidenschaften zu sprechen. Ich bin überzeugt, dass das tägliche Anschauen meiner Wünsche und das Nachdenken über sie mir sehr dabei geholfen haben, zu bekommen, was ich mir vom Leben wünsche.

*In unserem Unschoolingleben können wir alle gemeinsam
unsere Aufmerksamkeit und positive Kraft nutzen, um für die
kommende Kindergeneration Utopia tatsächlich zu erschaffen.*

Leben geschieht manchmal

Auf Konferenzen habe ich mitbekommen, wieviel Leid Menschen zum Teil erfahren, und sie sagen, dass es ihnen aufgrund ihrer Lebensumstände schwerfällt, ihre Aufmerksamkeit auf positive Haltungen oder auf Dankbarkeit zu richten.

- »Meine siebzehn Jahre alte Tochter glaubt nicht daran, dass es etwas bringt, positiv zu denken; werden unsere unterschiedlichen Wünsche bezüglich des Lebens nicht aufeinanderprallen?«
- »Mein Mann ist gestorben. Ich weiß daher, dass schlimme Dinge passieren. Wie kann ich da dem Universum vertrauen?«
- »Mein Sohn vertraut mir nicht und ich vertraue ihm nicht. Wie schaffen wir es, uns gemeinsam vorzunehmen, eine bessere Atmosphäre zwischen uns zu schaffen?«

Jedesmal, wenn ich das Thema in einer Konferenz vorstelle, könnte ich sagen, »Ihre Aufgabe besteht lediglich darin, sich gut zu fühlen« und könnte wieder gehen. Das ist die Grundbotschaft, die lediglich auf unterschiedlichste Art und Weise ausgedrückt wird. **Wenn Sie sich gut fühlen, bringen gute Gefühle gute Dinge in Ihr Leben.** Das ist Realität! Sie erschaffen Ihre Realität, indem Sie Ihre Aufmerksamkeit darauf lenken. Sie müssen niemanden von Ihrer Realität überzeugen. Niemand anderes muss Ihre Realität glauben, damit es für Sie wahr wird. Ihre einzige Aufgabe – die Freude am Dasein – ist, sich gut zu fühlen.

Ich behaupte nicht, dass Sie alles immer perfekt machen müssen, denn wir sind Menschen, und wir haben auch negative Gedanken. Wir sind alle einer Meinung, dass das Leben nun mal geschieht, und mit etwas Abstand könnte man auch sagen, dass es dafür jeweils einen Grund gibt. Die Kraft der Aufmerksamkeit kann übernatürlich wirken, wenn Dinge synchron passieren wie in Devins Beispiel, als das Kajak plötzlich auftauchte. Es hat jedoch nichts mit Zauberei oder Mystik zu tun; es geht um die Bewusstheit der Schwingung, mit der Sie Ihre Gedanken und Gefühle in die Welt schicken.

Immer mehr Menschen übernehmen die Verantwortung für ihr Leben, indem sie erfahren, dass ihre Gedanken Realität werden. Unsere Kinder besitzen diese Bewusstheit und es ist wunderbar für sie zu erfahren, dass sie nicht etwa dem Ozean ausgelieferten Nussschalen gleichen. Sie sind allesamt willensstark und schöpferisch, und sie können alles im Leben bekommen, was sie sich wünschen.

KAPITEL 10

Unschooling in der Realität des Alltags

Das Leben passiert uns nicht, es passiert durch uns.
Charles E. Swindoll

Positive Gedanken bauen uns auf. Optimismus gibt uns Hoffnung. Getreu dem Unschooling heißt authentisch zu sein nicht etwa, vorzutäuschen, ein Märtyrer zu sein oder gar die letzte Portion Kraft kurz vorm Umkippen unseren Kindern zu schenken. Wie in den letzten Kapiteln anklang, sind Kommunikation, Fürsorge, Verständigung, Prioritätensetzung und gerichtete Aufmerksamkeit alles Mittel, die uns helfen, echte, euphorische und glückliche Eltern auf diesem Weg zu sein.

Werde authentisch

Wir erleiden auch mal Schiffbruch und sprechen über die normal-menschlichen Momente von Erschöpfung, Zweifel und Frustration. Wir entschuldigen uns, wenn wir uns so verhalten haben, wie wir es nie wollten. Ich glaube, dass meine Kinder, die mit einem sicheren Bindungsgefühl aufwachsen, auf vielen Ebenen mit meinem Mann und mir im Gleichtakt schwingen. Viele von uns kommen über das Attachment Parenting auf den Weg des Unschooling, und wir wissen, dass unsere Kinder unsere Stimmungen besser ›lesen‹ als sie unsere Worte je begreifen.

Haben Sie beispielsweise die Erfahrung gemacht, dass jemand einen Raum betritt und Sie unmittelbar spüren, ob Sie diese Person mögen oder nicht? Sie wissen es einfach. Es sind sozusagen die Schwingungen, die Sie spüren. Dabei handelt es sich um ein instinktives Gefühl, keine zufällige Reaktion. Unsere Kinder spüren diese Schwingungen, die von uns aus kommen, so stark, dass sie zweifelsohne instinktiv unsere Gefühle erspüren, auch wenn sie sie nicht in Worte fassen könnten.

Sagen wir, Ihr Kind möchte mit Ihnen spielen, und Sie denken, dass Sie als gutes Unschooling-Elternteil mit Ihrem Kind spielen sollten, etwa »Ich sollte das jetzt wohl machen, schließlich bin ich dazu da.« Dennoch spüren Ihre Kinder, dass Sie das ungern tun. Sie spüren, dass Sie nicht mit Ihrer Aufmerksamkeit bei ihnen sind. Meiner Meinung nach ist es in solchen Momenten besser, authentisch und ehrlich bezüglich Ihrer Stimmung zu sein, statt den inneren Konflikt zu übergehen und zum Schein mitzumachen. »Liebes, ich bin nicht wirklich in der Stimmung, jetzt dieses Spiel zu spielen. Könnten wir etwas anderes gemeinsam machen?«

Meine Erfahrung ist die, dass ein positives, von Freude erfülltes ›Nein‹ zehnmal besser ist als ein negativ gefühltes ›Ja‹ – egal, welchen Menschen dies konkret betrifft, nicht nur unsere Kinder. Ich möchte, dass meine Kinder wissen, dass sie authentisch und klar in ihren Wünschen sein dürfen. Zu etwas ›Ja‹ zu sagen, was sie ungerne machen, führt selten dazu, dass alle Beteiligten dann daran Spaß haben. Ich möchte gerne, dass sie das verstehen.

Von früh bis spät euphorisch?

Ich kann mir vorstellen, dass jemand, der erstmals auf das Konzept des Radical Unschooling stößt, den Eindruck hat, dass wir Unschoolingmütter den ganzen Tag mit einem Lied über Regenbögen und Schmetterlinge auf den Lippen herumtanzen. Das tun wir nicht! **Nur, weil mir persönlich Glücklichsein sehr wichtig ist, heißt das nicht, dass es die einzige Empfindung ist, die ich spüre.** Auf Konferenzen habe ich mitbekommen, dass manche Leute denken, sie müssten ihre Haltung ändern, indem sie innerhalb von sechs Sekunden von zutiefst betrübt zu himmelhoch jauchzend wechseln müssten. Aber nein, nichts davon müssen Sie.

Wir wechseln nicht willentlich von Angst zu Optimismus und Freude. Das wäre ohnehin eine unnatürliche Art des Wechsels von einer Gemütsverfassung in die andere. Es gibt eine Skala der seelischen Verfassung, die uns den Wechsel von einer Stimmung zur anderen erleichtert, so dass wir mit unseren Kindern sachlich bleiben können. Stellen Sie sich zum Beispiel vor, eine solche Skala der Stimmungen wie auf einer Leiter emporzuklettern, auf der jeder Schritt einer Empfindung entspricht, die sich ein klitzekleines Bisschen besser anfühlt als die jeweils vorhergehende. Welche Empfindung ist ein kleines Bisschen besser als Angst – Unsicherheit? Was ist einen Deut besser als Unsicherheit – vielleicht Eifersucht? Klettern Sie schrittweise die Gefühlsqualitäten empor – von Hass, Rache, Wut, Entmutigung, Scham, Sorge, Zweifel, Enttäuschung, Langeweile, Zufriedenheit, Hoffnung, Optimismus, Enthusiasmus, Glück, Faszination und Freude bis Power.

Angstvolle oder depressive Gemütszustände bringen einen Elternteil, zuweilen auch die ganze Familie, aus dem Gleichgewicht. Wenn Sie eine negative Empfindung spüren und den Wunsch haben, die Angst oder Niedergeschlagenheit hinter sich zu lassen, lassen Sie Ihre Erwartung los, dass Sie Ihre Stimmung drastisch ändern müssen. Von Angst direkt zu Freude überzuwechseln, dürfte schwer zu erreichen sein.

Geben Sie nicht auf, wenn Sie einmal niedergeschlagen sind. Denken Sie an die Weitergabe der positiven Impulse von Gefühlen und Gedanken. Denken Sie nicht: »Ich kann nicht vertrauen, also lass ich es. Ich stehe nunmal auf einer niedrigeren Stufe.« Sie müssen dort nicht stehenbleiben und müssen nicht zu einem Gefühl springen, das zu weit weg erscheint. Hangeln Sie sich zum nächst positiveren Gefühl oder zur nächst positiveren Stimmung weiter. Sobald Sie sich auf etwas Positiveres konzentrieren, und sei es nur einen Schritt weiter, werden Sie das Gefühl haben, Ihre Stimmung eher im Griff zu haben, so dass Sie sich besser gerüstet fühlen, um Verantwortung für Ihr Leben zu übernehmen.

Schwingungen verstärken

Eine andere Möglichkeit, Ihre Gemütslage positiv zu verändern, ist das Verstärken von Schwingungen. Nehmen wir an, dass wir aus reiner Energie bestehen und unsere Gedanken und Empfindungen ebenfalls Energie sind, so können Sie Ihre Schwingungen verstärken, indem Sie sich an freudvolle Momente mit Ihrer Familie erinnern. Zaubert Ihnen die Erinnerung ans erste Mal, als Sie aus dem Mund Ihres Kindes ›Mama‹ hörten, nicht ein Lächeln ins Gesicht? Erinnern Sie sich daran, wie es sich anfühlt, wenn sich alle Familienmitglieder glücklich und zufrieden auf dem Sofa aneinanderkauern? Auf diese Erinnerungen können Sie willentlich Ihre Aufmerksamkeit lenken. Das wird Ihnen helfen, Ihre Stimmung zu verändern und sich besser zu fühlen.

Um meine Schwingungen zu erhöhen, beschäftige ich mich mit Dingen, die mir Freude machen und bei denen ich mich wohlfühle. Manchmal erscheint es bequemer, in der negativen Stimmung zu verbleiben. Man nennt das wohl *träges Denken*[1], weil der Betreffende nicht die Verantwortung übernimmt,

---

1 Anm. d. Ü.: engl: lazy thinking

sich aus der trübseligen Stimmung zu befreien. Er entscheidet stattdessen, in der Stimmung zu verharren und sich darüber auf physische wie psychische Art zu beklagen.

Ich habe Jahre gebraucht, bis ich gelernt habe, mich bewusst für meinen Seelenfrieden zu entscheiden und Impulse von Wohlgefühl an meine Familie zu senden. Ich sage mir heute: »Ich muss es selbst tun. Niemand sonst wird es für mich übernehmen. Will ich meine Schwingungen erhöhen und mich in eine bessere Ausgangslage versetzen, muss ich mir die Zeit für ... nehmen.« Dieses Verfahren nennt sich Gedankenumstellung oder -verlagerung. Ich verlagere meine Gedanken, indem ich ins Internet gehe und eine inspirierende Geschichte lese, ein Internetforum besuche, das ich mag, laut Heavy-Metal-Musik höre oder draußen spazierengehe.

Was macht Sie fröhlich? Was können Sie tun, um Ihre Schwingungen zu erhöhen, wenn Sie niedergeschlagen sind? Wenn es Ihnen einmal gelingt, Ihre Schwingungen zu erhöhen, folgt alles andere mit in die Höhe auf der Stimmungsskala. Wenn Sie sich allerdings müde oder gereizt fühlen, erscheint erstaunlicherweise alles verdrießlich und schrecklich. Sie sehen die Dinge in einem ganz anderen Licht, als wenn Sie sie aus einem Blickwinkel der Freude betrachten würden.

Wenn Sie die Gewohnheit einmal angenommen haben, Ihre Schwingungen zu erhöhen, wird es Ihnen leichter fallen, für längere Zeit glücklich zu sein. Ein Konferenzteilnehmer fragte mich einmal, »Wie setzen Sie das bloß in der folgenden Situation um: Sie denken sich es wäre nett, die schlechten Gedanken jetzt stoppen zu können und positiv zu denken, haben aber vier schreiende Kinder um sich, das Abendessen muss zubereitet werden und es wird immer später?« Ich glaube, dass mein Vertrauen in meine Fähigkeit, mich selbst zu organisieren hier eine ehrlichere Antwort ist, als noch mehr Strategien aufzuzählen. Ich vertraue darauf, dass ich es schon schaffen werde, alles unter einen Hut zu bekommen, und so ist es. Mein Schlüssel zum Erfolg lautet, mir keine Gedanken darüber zu machen, dass ich es nicht schaffen werde, oder darüber, wieviel Zeit etwas in Anspruch nehmen wird. Sich Gedanken darüber zu machen, gehört einer zukunftsgerichteten Haltung an, und ich habe gelernt, eher in der Gegenwart zu leben. Das ist ein möglicher Weg, in Freude statt in Angst zu leben.

Was das Sauberhalten unseres Haushalts anbelangt, so fühle ich Dankbarkeit dafür, dass wir soviel Platz zu Hause haben und Dankbarkeit für jede einzelne Aufgabe, die ich zur Besorgung des Haushaltes erledigen darf. Während ich Papierreste vom Boden aufsammle, erinnere ich mich an unser gemeinsames Bastelprojekt. Ich lenke meine Aufmerksamkeit darauf, wie dankbar ich bin, gesund und produktiv zu sein. Ich suche Dankbarkeit für jede Aufgabe in meinem Leben. Ich sammle Spielzeug auf und denke »ich bin so dankbar dafür, dass meine Kinder gesund sind und ich dieses schöne Zuhause habe und sie dieses Spielzeug besitzen.« Ich konzentriere meine Gedanken auf Dankbarkeit, und gewöhne mich daran, meine Aufmerksamkeit darauf zu lenken. Je mehr ich das anwende, desto eher wird es zu meiner regulären Denk- und Daseinsart.

Ich gebe Ihnen ein weiteres Beispiel. Vor einigen Jahren gab es in meiner Umgebung keine Unschooler. Es gab einfach keine. Wie habe ich mich in diese Feststellung hineingesteigert! »Hier gibt es keine Unschooler. Ich bin die Einzige. Das fühlt sich so verdammt einsam an. Wieso in aller Welt gibt es hier nicht noch mehr Leute wie mich?« Das war keine gute Einstellung, da ich mich auf ein schwarzes Loch des Selbstmitleids konzentrierte. Das ging jahrelang so. Ich weiß heute, dass ich diese Aussage beständig als Bestellung ans Universum aussendete.

Das Universum lieferte mir, worauf ich wieder und wieder meine Aufmerksamkeit lenkte, bis ich meine Konzentration davon abzog und meine Gedanken änderte. Später änderte ich auch meine Denkweise und begann, Dankbarkeit für meine bestehenden Unschoolingfreundschaften im Internet zu spüren. Ich sagte beispielsweise zu mir selbst: »Ich stelle mir einfach vor, wie ich mir mit anderen die Zeit vertreibe, die auch diesen Weg gehen. Ich spüre, wie es sich anfühlt, wenn ich mit anderen freien, kontaktfreudigen Familien Zeit verbringe. Das wird kommen.« Raten Sie, was als Nächstes passierte.

Ich erhielt eine E-Mail von einer Frau, die schrieb: »Wir ziehen von Colorado in Ihre Stadt. Ich habe von Ihnen gehört. Wir sind auch eine Familie, die Radical Unschooling betreibt.« Zwei Wochen darauf nahm jemand anderes Kontakt zu uns auf, der von der benachbarten Stadt in unsere ziehen wollte. Nun haben wir eine Unschooling-Gemeinschaft; eine Gruppe, die sich trifft. Dieser Haltungswechsel und die entsprechende Erfahrung brachte mich auf die Idee, eine gemeinnützige Organisation namens ›Unschooling United‹[2] ins Leben zu rufen, die Eltern telefonische Hilfe von Eltern und Hilfe im Rahmen von monatlichen Treffen anbietet. Die Erfahrung sagt mir, dass man es nur anbieten muss, damit Eltern kommen!

---

2 Anm. d. Ü.: zu dt.: Unschooling in Gemeinschaft

KAPITEL 11

Fürs Unschooling eintreten

Zweifle nie daran, dass eine kleine Gruppe reflektierter,
engagierter Bürger die Welt verändern kann.
Genaugenommen gab es nie einen anderen Weg.

Margaret Mead[1]

Sei dein eigener Anwalt

Joe und ich haben mit dem Auftritt als geladene Gäste in der Sendung *Dr. Phil*[2], wo wir das Konzept des Radical Unschooling vertraten, eine erstaunliche Erfahrung gemacht. Wir wussten, dass wir Widerspruch ernten würden, wenn wir als Befürworter des Unschooling in die Öffentlichkeit gingen. Die Öffentlichkeit reagiert auf Neues gerne mit Widerstand. Ich glaube allerdings, dass Dr. Phil nach der Diskussion in der Sendung dem Thema doch offener gegenüber stand.

Nicht jeder möchte sein Lebenskonzept nach außen vertreten und sich der Kritik stellen, aber ich bin dazu bereit, weil ich dem Prozess der Veränderung vertraue. Ich weiß, dass die erste Reaktion Widerspruch ist, der Sache anschließend Chancen eingeräumt werden, die wiederum der Akzeptanz Platz machen, bevor etwas in die allgemeine Praxis übergeht. Das

---

1 Anm. d. Ü.: US-amerikanische Anthropologin und Ethnologin (geb. 1901)
2 Anm. d. Ü.: Eine beliebte Talksendung zu aktuellen Themen – ähnlich ›hart aber fair‹ – mit dem US-amerikanischen Psychologen und Fernsehmoderator Phillip »Phil« Calvin McGraw

ist der natürliche Fluss, den jede neue Idee bzw. jede neue Lebensart durchläuft, bevor sie akzeptiert wird.

Ich stelle mich dem Widerspruch gerne, weil ich davon überzeugt bin, mit Unschooling einen Schritt in die richtige Richtung zu tun. Viele Leute verstehen das Konzept des Unschooling möglicherweise nicht richtig, weil ihre Meinung über diese Lebensart auf falschen Annahmen beruht, die ich ausräumen kann.

Zu erfahren, dass es eine andere Art zu leben gibt, die der traditionellen Bildung und Erziehung entgegensteht, erschüttert die Grundfesten vieler Menschen. Es kann erschüttern, zu erfahren, dass Erziehung mit Bestrafung gar nicht notwendig ist – schließlich glauben viele Leute, dass diese beim Großziehen eines Kindes unerlässlich ist. Dinge über das Radical Unschooling zu erfahren, führt unter Umständen dazu, alles konsequent zu hinterfragen, was man gemeinhin für notwendig hält, um im Leben weiterzukommen.

Wenn Menschen erfahren, dass es einen freudvolleren, verbindenderen und respektvolleren Weg gibt, mit Kindern zu leben, kann die sich vor ihnen entfaltende neue Wahrheit einschüchternd wirken. Die Freiheit des neuen Lebens kann die Menschen ängstigen. Wenn jemand diese Lebensart beurteilt, ohne sie bis ins letzte verstanden zu haben, öffne ich mich seiner Reaktion und öffne mein Herz. Ich weiß schließlich, dass auf das Kennenlernen des Unschooling oft Verwirrung und Frustration folgen. Sich von seiner Vergangenheit zu heilen, ist meist der erste Weg, bevor der Schritt in diese Bewusstheit getan werden kann.

Die Präsentation des Unschooling nach außen kann auf vielerlei Arten geschehen. Allein sein Kind in der Öffentlichkeit freundlich zu behandeln, bedeutet schon, das Unschooling zu vertreten. Indem Sie ein selbstbewusstes Beispiel für andere Eltern darstellen, leben Sie ein neues Konzept für die Eltern-

Kind-Beziehung vor. Auf Konferenzen stelle ich anderen Un-schooling-Eltern die Frage: »Zu welcher Art von Darstellung des Unschooling gelangen Sie, wenn Sie das Unschooling nicht hier und jetzt und so vertreten, wie Sie es möchten?« Ich erhielt dazu unter anderen folgende Reaktionen:

- »Ich litt, wenn ich anderen sagte, dass ich Unschooler bin, weil ich wusste, dass sie negativ darauf reagieren könnten. Heute fühle ich mich auf der Sonnenseite und teile mich gern mit. Niemand muss meine Meinung teilen. Darüber hinaus bemerke ich, dass manche Eltern freundlicher zu ihren Kindern sind, wenn ich dabei bin. Dadurch weiß ich, dass ich das Unschooling nach außen vertrete.«
- »Manchmal behalte ich meine Überzeugungen für mich, weil ich die Auseinandersetzung scheue. Du hast nichts gegen Widerspruch – mir hat diese Situation jedoch immer zugesetzt. Ich würde gern wissen, wie ich zu einem solchen Vertrauen komme.«

Die Leute lachen, wenn ich ihnen sage, dass ich früher unglaubliche Angst hatte, vor Publikum zu sprechen, bevor ich Kinder bekam. In der Schule war ich in Panik, wenn ich vor der Klasse stehen sollte. Ich war so ziemlich der schüchternste Mensch überhaupt. In der Nacht vor einem mündlichen Referat in der Schule übergab ich mich regelmäßig. Auch im College fiel es mir immer noch äußerst schwer, vor anderen zu sprechen.

Ich habe einen langen Entwicklungsweg hinter mir und empfinde es als Belohnung für meine Überwindung, Menschen helfen und über meine Überzeugungen sprechen zu können. Ich habe erfahren, wie sehr es lähmt, wie in der Schule gezwungen zu werden, vor Publikum zu sprechen, und wie leicht die Worte fließen, wenn jemand Inhalte vermittelt, an die er leidenschaftlich glaubt.

Um öffentliche Fürsprecherin des Unschooling zu werden, musste ich mir eine dicke Haut zulegen und in mir ruhen. Mir ist heute klar, dass es beim Vertreten der Bewegung nicht um mich geht, sondern um die Wahrheit, die vertreten werden will. Mein Eintreten gilt dem Bewusstseinswechsel bezüglich der Rechte von Kindern und dem Respekt, der Kindern zusteht. Ich glaube so stark an das Leben, wie wir es führen, dass ich bereit bin, mich der Öffentlichkeit zu stellen. Ich weiß, dass Widerspruch lediglich einen Schritt in Richtung Akzeptanz darstellt.

Vertrauen und Sicherheit sind untrennbar mit dem Unschoolingleben verbunden. Das Wissen und Leben von Unschooling-Eltern ist soviel überzeugender als Worte es je ausdrücken können. Wie friedvoll, freundlich und liebevoll Sie sich geben und die Art, wie Sie mit Ihren Kindern interagieren, spricht eine deutlichere Sprache als Worte.

Es war uns sehr wichtig, in der Dr.-Phil-Sendung unsere Sichtweise darzustellen. Joe und ich besprachen uns vor der Sendung und einigten uns, dass wir einfach wir selbst sein mussten, die Fragen ehrlich, fried- und respektvoll beantworten, egal, was andere zu uns sagten oder wie sie zu uns sprachen. So haben wir uns auch entschieden, mit unseren Kindern zu sein.

Einmal sprach uns eine Frau auf dem Weg zu einer Konferenz an und fragte, wohin wir gehen wollten. Ich erklärte ihr, dass wir auf eine Unschoolingkonferenz führen. Sie fragte uns, was das sei. Ich erklärte, dass bei neunundneunzig Prozent der Homeschoolingfamilien die Eltern ein Lehrbuch erständen und Schulunterricht zu Hause am Küchentisch praktizierten. Das entspreche nicht unserer Herangehensweise ans Lernen. Wir lernten aus einer Menge verschiedener Quellen. Wir strebten ein glückliches Leben an, indem wir den ganzen Tag dem nachgingen, was uns fasziniert. Das ist eine Möglichkeit, wie ich anderen unsere Homeschoolingmethode möglicherweise nahebringe. Ich lächle dabei und erläutere stets, ohne in eine Konfrontationshaltung zu gehen.

Ist Unschooling legal?

Ein Hauptgesprächsthema auf Konferenzen stellt die Legalität des Homeschooling dar. Mir ist wichtig, zu transportieren, dass wir eine legale Form von Bildung unserer Kinder vertreten, auch wenn sich diese außerhalb des gewohnten Rahmens bewegt. Sie bewegt sich zwar am Rand des Homeschooling, entspricht aber nichtsdestotrotz *einer Methode von mehreren.*

Für Menschen, die daran interessiert sind, Homeschooling in den USA zu betreiben, ist allerdings wichtig, die Voraussetzungen hierfür im betreffenden US-Bundesstaat in Erfahrung zu bringen. Manche US-Bundesstaaten fordern keine Lernberichte ein, während andere dies tun. Ein guter Weg, um sich über die gesetzlichen Gegebenheiten des entsprechenden US-Bundesstaats zu informieren, ist beispielsweise, den Begriff ›Unschooling in New Hampshire‹ in eine Suchmaschine einzugeben. Regionalen Mailinglisten für Unschooler beizutreten ist ein weiterer hervorragender Weg, um Verbindung zu Gleichgesinnten aufzunehmen und Informationen zu den Anforderungen des betreffenden US-Bundesstaats einzuholen.

Falls es Ihnen unangenehm ist, für diese Lernform zu werben, gehen Sie am besten Ihrem Gefühl nach. Gehen Sie dem nach, wie es sich am besten für Sie anfühlt, für diese Lernart einzustehen: Schreiben Sie ein Blog, einen Artikel, seien Sie auch in der Öffentlichkeit freundlich zu Ihren Kindern, trinken Sie eine Tasse Tee mit einer Freundin und erzählen Sie einfach, wie das Leben aussieht, für das Sie sich mit Ihrer Familie entschieden haben. Die Möglichkeiten sind lediglich durch das Vorstellungsvermögen eingeschränkt. Wenn ich eines weiß, dann, dass Ihnen Ihr Eintreten für das Unschooling Freude bereiten muss. Wenn Sie voll und ganz in dem aufgehen, was Sie Ihrer Umwelt mitteilen, beseelt diese Freude auch andere. Wir werben alle für diese großartige Lebensform, sobald wir uns für sie entscheiden. **Wir schreiben Geschichte und heben das Bewusstsein einfach, indem wir in Freiheit und Respekt mit unseren Kindern leben.**

Unschooling-Moment

Ich wusste nicht, dass wir ein Aushängeschild für das Unschooling werden würden.

Es geschah einfach – schrittweise und folgerichtig.

Dasselbe könnte Ihnen passieren, wenn Ihre Authentizität auf andere Menschen wie ein Funken überspringt. Sie können es nicht forcieren, allein Ihre Glückseligkeit kann dies auslösen. Es geschieht einfach auf authentische und natürliche Weise. Es ist nichts, was man erzwingen könnte. Man kann sich nicht vornehmen, »ich gehe jetzt in die Öffentlichkeit, um für das Unschooling einzutreten«. Sie folgen einfach Ihrem persönlichen Glück. Es ist dasselbe wie mit dem Eintreten für die natürliche Geburt oder das Stillen. Wenn ich einen Anruf wegen Stillproblemen bekomme, bin ich wie elektrisiert. Ich liebe es, einer Mutter zu helfen und sie zu beruhigen, dass ihre Tochter genau das tut, was für sie richtig ist.

Ich liebe es, denselben Enthusiasmus bezüglich Unschooling zu hegen. Für mich stellt das Eintreten für das Unschooling die Liebe dar, Menschen zu einem friedvolleren Leben mit ihren Kindern zu verhelfen, weil ich einem Elternteil seine Freude und Erleichterung ansehe, wenn ich zu ihm sage: »Sie müssen ihren Sohn nicht zu diesem Verhalten anhalten.« Dieser antwortet vielleicht: »Ach, wirklich? Ich darf einfach glücklich sein? Wir können einfach in Verbindung sein und einfach machen, wonach uns der Sinn steht?«

Ich liebe es, diesen Moment des Aha-Effekts mit anderen Eltern zu teilen.

Gemeinsam statt einsam

Ich verstehe die Sichtweise anderer Leute und respektiere ihren Wunsch, etwas über das Konzept des Radical Unschooling zu erfahren oder nichts darüber erfahren zu wollen. Ich urteile nicht über andere, wenn sie sich für konventionelle Erziehung entscheiden. Eigentlich leben viele Freunde sogar anders als wir. Wie halten wir also die Freundschaft, obwohl wir so unterschiedliche Entscheidungen bezüglich unserer Familien getroffen haben?

Ich denke, es ist eine gesellschaftliche Übereinkunft, sich auf die Unterschiede zwischen uns und anderen zu konzentrieren. Auf diese Weise isolieren wir uns jedoch. Diese gesellschaftlich vorgegebene Haltung führt dazu, dass wir uns einsam fühlen, auch wenn wir uns in der Gruppe bewegen. Wir leben in einer Zeit, in der der Wettbewerb im Vordergrund steht; wo es darum geht, den anderen immer um eine Nasenlänge voraus zu sein. Wir vergleichen die ›Meilensteine‹ unserer Kinder mit denen anderer. Wir sehen, dass unsere Freunde anders mit ihren Kindern umgehen, und verlegen uns darauf, unseren Weg für den Besten zu halten. In unserer Gesellschaft scheinen wir unseren Erfolg darauf zu bauen, dass wir uns besser fühlen, indem wir die Wahl anderer schlecht machen.

Für mich hat das Verlassen des konventionellen Pfades in der Gestaltung der Beziehungen zu anderen Jahre gekostet, war aber jeden einzelnen Moment wert, weil ich es als unabdingbaren Teil meiner Persönlichkeitsentwicklung erachte. Ich sehe, dass meine Kinder gelernt haben, sich auf das Gute bei anderen zu konzentrieren. Sie schätzen und respektieren die Vielfalt und leben in einer Haltung der Akzeptanz, weil wir so leben.

Dieses Ziel als Mutter vorzudefinieren, hat mich ermutigt, eine andere Art zu finden, mit anderen *umzugehen*. Eine Möglichkeit ist, mich auf die Gemeinsamkeiten mit anderen

Menschen zu konzentrieren. Wenn mein Nachbar gerne Gartenarbeit mag und ich das auch genieße, dann baue ich die Verbindung über diese Gemeinsamkeit auf. Was sollte es bringen, sich auf die unterschiedliche Art zu konzentrieren, wie er mit seinen Kindern umgeht, wenn wir auf anderen Wegen so viele Gemeinsamkeiten haben? Vielleicht mögen wir dieselbe Fernsehsendung oder dasselbe Hobby. Wie wir zu anderen Beziehung aufnehmen, liegt an uns. Wir können uns dafür entscheiden, auf dem Planeten der Einsamkeit zu leben und uns so fürchterlich anders in unseren Lebensentscheidungen zu empfinden, oder wir können Wege finden, über Gemeinsamkeiten mit anderen in Kontakt zu treten.

Wir sprechen über Gemeinsamkeiten, nicht über das, was uns trennt. Ich konzentriere mich
nicht darauf, was wir nicht gemeinsam haben. Ich nehme mir für jede Begegnung vor, in Verbindung zu kommen.

Wenn Sie Kritik oder Negativität begegnen, weil Sie sich für ein Leben im Radical Unschooling entschieden haben, dann nehmen Sie es nicht persönlich und lassen Sie dadurch nicht Ihr Leben beeinträchtigen – lächeln Sie einfach und haben Sie die Gewissheit, dass alles in Ordnung ist. Das einzig Wichtige ist, dass Sie für *sich selbst* auf dem richtigen Kurs sind. Seien Sie sich einfach bewusst, dass es nie um Sie persönlich geht, sondern um die Überzeugungen, für die Sie stehen.

Für das Unschooling einzutreten fördert auch eine bessere Lebensqualität in anderen Familien. Auch wenn jemand nicht volles Interesse am echten Radical Unschooling zeigt, wird Ihre Verbindung zu diesen Menschen ihnen einen freundlicheren und behutsameren Umgang mit ihren Kindern ermöglichen. Zum Beispiel kann eine Unterhaltung zwischen Ihnen und einem Elternteil bedeuten, dass dieser sein Kind nicht mehr mit

Auszeiten bestraft. Wenn ein Freund mitbekommt, wie freundlich und liebevoll Sie mit Ihren eigenen Kindern umgehen, wird allein Ihre Anwesenheit ihn ermutigen, außerhalb des konventionellen Erziehungsparadigmas zu denken und seinem Kind mehr Freiheit einzuräumen und Respekt zu zollen. Kleine Änderungsimpulse machen einen großen Unterschied.

Fazit

Wir leisten einen Beitrag, die Welt zu verbessern, indem wir die in diesem Buch beschriebenen Ansichten leben. Wir beeinflussen damit den Lauf menschlicher Geschichte. Vielleicht verhelfen wir durch das Radical Unschooling der Welt zu einem Wechsel hin zu Frieden auf Erden. Das erhoffe ich mir. Ich bin so dankbar für die Gelegenheit, Eltern beim Erwachen überall auf der Welt behilflich zu sein!

Die Welt braucht unsere Kinder!

Seien Sie Teil dieser Wende!

~ In Freude und Dankbarkeit, Dayna

Die Autorin

Dayna Martin ist eine begeisterte Befürworterin des Radical Unschooling, die gern um die Welt reist, um über ihr einzigartiges und freudvolles Familienleben zu sprechen und andere auf ihrem Weg zu inspirieren.

Dr. Phil lud Dayna und Joe Martin 2007 als Gäste in seine Sendung ein, wo sie 50 Millionen Zuschauer weltweit einen Einblick ins Radical Unschooling und in respekt- und friedvolle Eltern-Kind-Beziehung geben konnten. Dayna gibt regelmäßig Interviews für verschiedene Rundfunk- und Fernsehsendungen. Sie ist eine inspirierende Rednerin und Autorin, ihre Interviews und Artikel wurden weltweit in Zeitschriften und Büchern veröffentlicht.

Die Familie Martin genießt es, den ganzen Tag über gemeinsam zu verbringen, täglich ihren Neigungen nachzugehen und das Leben ihrer Träume zu leben.

www.Dayna-Martin.com